Nicole Sonnenbaum

Das Elternsein lernen

Nicole Sonnenbaum

Das Elternsein lernen

Elternkurse und Erziehungsberatung im Überblick

Tectum Verlag

Nicole Sonnenbaum

Das Elternsein lernen.
Elternkurse und Erziehungsberatung im Überblick
ISBN: 978-3-8288-9525-6
Umschlagabbildung: © hofschlaeger : www.pixelio.de
© Tectum Verlag Marburg, 2008

Besuchen Sie uns im Internet
www.tectum-verlag.de

Bibliografische Informationen der Deutschen Nationalbibliothek
Die Deutsche Nationalbibliothek verzeichnet diese Publikation in der
Deutschen Nationalbibliografie; detaillierte bibliografische Angaben sind
im Internet über http://dnb.ddb.de abrufbar.

„Lerne dich selbst kennen, ehe du Kinder zu erkennen trachtest. Mache dir klar, wo deine Fähigkeiten liegen, ehe du anfängst, den Kindern den Bereich ihrer Rechte und Pflichten abzustecken. Unter ihnen allen bist du selbst dein Kind, das du vor allem kennen lernen, erziehen und formen musst"

(Janusz Korczak 1999, S. 147).

Inhaltsverzeichnis

1.	**Einleitung**	7
2.	**Erziehung**	11
2.1	Erziehung damals	11
2.2	Erziehung heute	12
2.3	Entwicklungsförderndes Erziehungsverhalten	16
2.3.1	Liebevolle Zuwendung	16
2.3.2	Achtung und Respekt	17
2.3.3	Kooperation	17
2.3.4	Verbindlichkeit und Grenzsetzung	18
2.4	Die Rechte des Kindes	19
2.5	Mehr Respekt vor Kindern	21
2.6	Gewaltformen in der Erziehung	23
2.7	Entwicklungshemmendes Erziehungsverhalten	24
2.7.1	Ablehnung und Unterbehütung	25
2.7.2	Überbehütung	25
2.7.3	Missachtung	26
2.7.4	Dirigismus	27
2.7.5	Grenzenlosigkeit und Beliebigkeit	27
3.	**Geschichte der Erziehungsberatung**	29
4.	**Erziehungsberatung heute**	33
4.1	Das neue Kinder- und Jugendhilfegesetz (KJHG)	33
4.2	Institutionelle Erziehungsberatung	34
4.2.1	Das Klientel der Erziehungsberatungsstellen	36
4.3	Theorien zum Qualitätsmanagement allgemein	37
4.4	Qualitätsmanagement in Erziehungsberatungsstellen	38
4.4.1	Strukturqualität	38
4.4.2	Prozessqualität	42
4.4.3	Ergebnisqualität	43
5.	**Exkurs: Professionalisierungsproblem der Diplom-Pädagogen**	49

6.	**Warum Elterntraining**	**53**
6.1	**Triple P-Elterntraining (Positive Parenting Program)®**	**57**
6.1.1	Ziele des Programms	58
6.1.2	Gliederung in Ebenen	59
6.1.3	Wirkungsweise von Triple P	62
6.1.4	Aufbau des Programms	63
6.1.5	Grundlagen von Triple P	72
6.1.6	Evaluative Ergebnisse zur Wirksamkeit	73
6.1.7	Diskussionen zu Triple P	74
6.1.8	Kritik und Weiterentwicklungsmöglichkeiten	78
6.2	**STEP – Systematic Training for Effective Parenting**	**81**
6.2.1	Ziele des Kurses	81
6.2.2	Aufbau und Ablauf des Kurses	82
6.2.3	Inhalte des Kurses	85
6.2.4	Grundlagen von STEP	89
6.2.5	Zielgruppen	90
6.2.6	Evaluative Ergebnisse zum STEP-Elterntraining	91
6.2.7	Kritik am STEP-Elternkurs	94
6.3	**"Starke Eltern – Starke Kinder" (Kinderschutzbund)**	**97**
6.3.1	Grundorientierung / Ziele	97
6.3.2	Ablauf	98
6.3.3	Anwendungsbereiche	109
6.3.4	Ergebnisse der Evaluationsstudien	110
6.3.5	Kritik am Elternkurs „Starke Eltern – Starke Kinder"	112
7.	**Gegenüberstellung der drei Elterntrainings**	**115**
7.1	Für alle Eltern?!?	118
7.2	Geringe Resonanz und Freiwilligkeit	119
8.	**Resümee**	**123**
	Literaturverzeichnis	**127**
	Anhang	**133**

1. Einleitung

Der Deutsche Kinderschutzbund forderte im Jahre 1979, dass Eltern die Prügelstrafe gesetzlich verboten werden müsse. Allerdings dauerte es über 20 Jahre bis im November 2000 im Bürgerlichen Gesetzbuch im § 1631 Abs. 2 das Recht der Kinder auf eine gewaltfreie Erziehung verankert wurde: „Kinder haben ein Recht auf gewaltfreie Erziehung. Körperliche Bestrafungen, seelische Verletzungen und andere entwürdigende Maßnahmen sind unzulässig" (§1631, Abs. 2 BGB). Parallel dazu wurden die Jugendhilfeträger durch die Ergänzung des § 16 im Kinder- und Jugendhilfegesetz (KJHG) verpflichtet, dass sie „Eltern Wege aufzeigen sollen, wie Konfliktsituationen in Familien gewaltfrei gelöst werden können."

Dennoch werden die meisten Eltern auf ihre soziale Rolle als Eltern kaum oder gar nicht vorbereitet, können nur auf die Erfahrungen zurückgreifen, die sie in ihrer Kindheit gemacht haben und lernen meist durch „Trial and Error". Doch in dieser Gesellschaft, in der immer weniger familiäre Netzwerke bestehen, die Scheidungsraten stetig steigen und allein erziehende Elternteile und gemischte Familien zur Normalform werden, benötigen viele Eltern Hilfen bei der Erziehung. Überforderungssituationen aufseiten der Eltern in erzieherischen Problemsituationen führen häufig dazu, dass diese Gewalt anwenden (physische und psychische Misshandlungen) oder bei dauerhafter Überforderung eine ablehnende und ängstigende Atmosphäre verbreiten, die wiederum die Entwicklung des Kindes beeinträchtigen kann.

Betrachtet man hierzu die Prävalenzrate für psychische Störungen bei Kindern und Jugendlichen, so liegt diese je nach Literatur zwischen 17% und 27% (Anderson & Werry, 1994; Verhulst, 1995). Abhängig ist die Auftretenswahrscheinlichkeit vom Alter und Geschlecht. Dabei ist zu bemerken, dass externale Störungen, wie oppositionelles, aggressives und dissoziales Verhalten häufiger bei Jungen auftreten und internale Störungen, wie sozialer Rückzug, körperliche Beschwerden, Essstörungen und ängstlich – depressive Befindlichkeit häufiger bei Mädchen auftreten.

Insbesondere aggressives Verhalten scheint sehr stabil im Entwicklungsverlauf zu sein, sodass viele aggressive Kinder diese Auffälligkeiten von der Kindheit bis ins Jugendalter beibehalten. In Folge können im Jugendalter Störungen des Sozialverhaltens auftreten, die auch einen weiteren Problembereich, wie Diebstahl, aggressive Handlungen, etc. umfassen (vgl. Hahlweg, 1999).

Wenn man diese Zahlen und Fakten sieht, stellt sich recht schnell die Frage, was die Gründe für diese Verhaltensauffälligkeiten sein könnten. Liegt es an familiären Risikofaktoren, wie inkonsistentes und bestrafendes Erziehungsverhalten, negative Kommunikationsmuster, Ehekonflikte oder gar Scheidung?

Eine Möglichkeit, Beratung und therapeutische Unterstützung zu bekommen, ist die Erziehungs- und Familienberatung. Diese berät und unterstützt Kinder und Jugendliche, aber auch deren Eltern und Erziehungsberechtigte bei Erziehungsfragen und Erziehungsschwierigkeiten, aber auch bei Verhaltensauffälligkeiten, Leistungsproblemen, familiären Krisen bis zur Trennung oder Scheidung. Das Ziel dieser Beratung ist Klärung und die Bewältigung der individuellen und familiären Probleme und die Mobilisierung von Ressourcen in der Familie. Die Erziehungsberatung verbindet die individuellen Hilfen, die flexibel gestaltet werden können und das soziale Umfeld mit einbeziehen, mit präventiven Aktivitäten.

Es gibt zurzeit einen wachsenden Markt an Elterntrainings unterschiedlicher Anbieter. In dieser Arbeit möchte ich mich besonders mit drei der Bekanntesten auseinandersetzen und diese gegenüberstellen. Zum einen werde ich mich mit dem nur wenige Wochen dauernden und als sehr effektiv nachgewiesen „Triple P", ein Elterntraining mit positiven Erziehungsstrategien aus Australien, beschäftigen. Die Wirksamkeit dieses Elterntrainings belegten wissenschaftliche Untersuchungen (Sanders 1999, Kuschel 2000), die zeigten, dass direkt nach dem „Triple P"-Kurs die Zahl der Kinder mit Verhaltensauffälligkeiten um über 50 % sank. Ein Jahr nach dem Training stieg die Zahl der Kinder mit Verhaltensauffälligkeiten wieder leicht an, ohne den Ausgangswert wieder zu erreichen.

Ein weiteres sehr effektives Elterntraining, mit dem ich mich beschäftigen werde, ist das STEP – Elterntraining, das Erziehungskompetenz stärken und Verantwortungsbereitschaft fördern soll. Dies ist ein systematisch aufgebautes Programm, das Eltern dabei unterstützen soll, sich Schritt für Schritt einen demokratischen Erziehungsstil anzueignen. Die Effektivität wird zurzeit von Prof. Dr. Klaus Hurrelmann an der Universität Bielefeld untersucht. Mit den ersten Ergebnissen dieser Studie werde ich mich auch in vorliegender Arbeit auseinander setzen.

Ein weiteres Konzept Elterntrainings durchzuführen, ist das Elterntraining des Kinderschutzbundes: „Starke Eltern – Starke Kinder". Dieses basiert auf der humanistischen Psychologie, integriert verschiedene kommunikationstheoretische Grundlagen, die Gesprächstherapie nach Rogers und systematische familientherapeutische und verhaltenstherapeutische Ansätze.

In dieser Arbeit beschäftige ich mich mit diesen beraterischen und präventiven Maßnahmen, werde Aufgaben und Arbeitsweisen der Erziehungsberatungsstellen darstellen, Elterntrainingsprogramme vorstellen und vergleichen, aber auch kritisch untersuchen.

Um eine bessere Lesbarkeit zu erreichen, verwende ich die männliche und weibliche Geschlechtsform synonym.

2. Erziehung

2.1 Erziehung damals

Betrachtet man anfangs die Erziehung im Mittelalter, so ist festzustellen, dass es dort keinen Abstand zwischen Erwachsenen und Kindern gab. Sobald das Kind in der Lage war, sich alleine fortzubewegen und sich verständlich machen konnte, lebte es mit Erwachsenen zusammen und lernte von ihnen. Sie spielten mit den gleichen Dingen, trugen gleiche Kleidung und lebten in gleichen Bereichen.

Vor allem Jean-Jacques Rousseau (1712-1778) war es, der die Vorstellung von Erziehung entscheidend geprägt hat. Er stellte fest, dass Kinder keine kleinen Erwachsenen sind und deshalb die Kindheit von dem Erwachsenenalter deutlich abzugrenzen ist. Für ihn war die wichtigste Grundlage von Erziehung die Distanz zwischen den Erwachsenen und Kindern. Die Aufgabe des Erziehers war es hierbei, ihm diese „natürliche Ordnung" (Rousseau 1971, S.70) zu vermitteln. Gleichzeitig sollte durch eine „wohlgeordnete Freiheit ohne Verbote und Züchtigung" (Rotthaus 2004, S. 8) erzogen werden.

Rousseau (1971) beschreibt es so: „Befehlt ihm nie und nichts, was es auch sein mag. Er darf gar nicht auf den Gedanken kommen, dass ihr irgendeine Autorität über ihn beansprucht. [...] Der Zwang der Verhältnisse muss der Zügel sein, der ihn hält, nicht die Autorität" (S. 70). Ferner wird den Kindern ein Schonraum zugebilligt, der ihnen zum Schutz dienen soll. In diesem war es den Kindern erlaubt, kindlich zu handeln, ohne zwangsläufig die Verantwortung dafür übernehmen zu müssen. Außerdem diente der Schonraum dazu, den Kindern kontrolliert Wissen vermitteln zu können, da man annahm, dass Kinder es sonst nicht verarbeiten könnten.
Gleichzeitig wurde das Kind aber auch als 'Objekt' untersucht. Dies erweckte die Idee, dass Kinder planbar und formbar wären, ganz so, wie man sie haben wollte. Wichen Kinder von diesem Bild ab, so wurden Störungen diagnostiziert. Es verfestigte sich die Vorstellung, „dass „richtige" Erziehung das „richtige" Kind produziere, dass es sich umgekehrt sozu-

sagen um einen Produktionsunfall handele, wenn das Kind nicht richtig werde" (Rotthaus 2004, S. 12).
Mit der Entwicklung der Kleinfamilie und durch die Arbeitsbedingungen des Frühkapitalismus kam es zu stärkerer Auslagerung der Pädagogik in andere Institutionen (vgl. Rotthaus 2004, S. 10). Schon früh übernahm die Schule die Aufgaben der Erziehung, Bildung und Ausbildung.

2.2 Erziehung heute

Die Beziehung zwischen Kindern und Erwachsenen ist zunehmend unklarer geworden. Postman (1995) beschreibt ein Verschwinden der Kindheit, da der Wissensvorsprung der Kinder aufgrund von Medien verloren gegangen sei. Der Geheimnisbereich der Erwachsenen, wie Intimität und Sexualität, der früher für Kinder tabuisiert war, sei heute nicht mehr vorhanden. Rotthaus (2004) verweist darauf, dass „die traditionellen Kinderspiele fast völlig verschwunden seien, die Nutzung des öffentlichen Raumes durch Kinder an rigide Restriktionen sprich an Erwachsenenregeln gebunden sei [...]" (S. 11).

Treml (1996) spricht von einer Infantilisierung der Erwachsenen, da diese scheinbar keinen großen Wert mehr auf das Erwachsensein legen. Deutlich wird das dadurch, dass sie sich in der Öffentlichkeit mit Spielzeug, wie zum Beispiel Inlineskatern oder Tretroller, zeigen (vgl. Treml 1996, zit.n. Rotthaus 2004, S. 11).

Insofern ist festzustellen, dass sich die Differenz zwischen Erwachsenen und Kindern wieder verringert hat. Dafür spricht auch, dass sich die Kindheit verkürzt hat und damit die Jugendzeit eher beginnt. Doch das muss auch eine Veränderung bei der Erziehung mit sich bringen.

Während Postman (1995) fordert, die gute alte Erziehung wieder aufleben zu lassen und damit wieder das alte Verhältnis zwischen Erwachsenen und Kindern herzustellen, fordert Giesecke (1985) die Erziehung abzuschaffen und ein Eltern-Kind-Verhältnis wieder wie im Mittelalter anzustreben. Die Folge wäre, dass Kinder als junge Erwachsene betrachtet werden und so in die Erwachsenenwelt hineinwachsen (vgl. Rotthaus 2004, S. 12). Rotthaus kann sich beiden Richtungen nicht anschließen und ist der Überzeugung, dass es eine neue Eltern-Kind-Beziehung geben muss. Das Kind muss hier als ein autonomes, eigenständiges Subjekt angesehen werden. Es ist damit ein gleichwürdiger Mensch, mit gleichen Rechten zur Bedürfnisbefriedigung und Meinungsäußerung wie ein Erwachsener (vgl. ebd. S. 13).

„Unter diesen Voraussetzungen wird Erziehen dann verstanden als ein interaktiver Prozess, in dem die Handlung aller Beteiligten gleich wichtig sind, auch wenn Kinder und Erwachsene unterschiedliche Rollen und Aufgaben haben" (ebd.). ˣ

Deshalb schlägt Rotthaus vor, ein neues Erwachsenenbild zu entwickeln.

Heute wird der Erziehung vielfältige Bedeutung zugeschrieben. Besonders deutlich wird das bei Gudjons (1993), der Erziehung so definiert: „ein Prozess wie dessen Ergebnis, eine Absicht wie ein Handeln, ein Zustand wie dessen Bedingung, eine Beschreibung und eine Wertung, eine absichtsvolle Handlung wie absichtslose gesellschaftliche Einflüsse, ein historisches Phänomen wie ein überzeitliches usw." (S. 170).

Sicherlich werden in einer pluralistischen Gesellschaft die Zielvorstellungen von Erziehung kontrovers bleiben, dennoch sind die Ausgangspunkte sehr klar definiert. Nach Tschöpe-Scheffler (2003) sind diese „die persönlichen Norm- und Wertvorstellungen sowie das Alltagswissen von Erzieherinnen und Erziehern" (S. 27). Zuerst findet Erziehung in der Primärsozialisation in der Familie statt. Dabei werden von jeder Familie eigene Muster ihrer Menschenbilder, Kommunikation, ihr Handeln und Interpretation entwickelt (vgl. ebd.). Dadurch werden die vorherrschenden Muster manifestiert. Die Interaktionen beruhen auf dem Alltagswissen der einzelnen Familienmitglieder. Das Kind erfährt durch den Umgang miteinander Deutungsmuster, die sein späteres Alltagshandeln beeinflussen. Hier lernt das Kind, was richtig und falsch ist und wie Menschen miteinander umgehen (sollten).

Auch Eltern erziehen ihre Kinder zum großen Teil auf Basis dieses Alltagswissen. Fietkau und Görlitz (1981) unterteilen dieses psychologische Alltagswissen in unterschiedliche Formen:

ˣ gleichwertig ≠ gleichrangig

Sie unterscheiden das Herstellungswissen, das Regelwissen und das Funktionswissen. Durch Herstellungswissen agiert ein Mensch so, dass sich bei einer anderen Person ein gewünschtes Verhalten einstellt. Zum Beispiel wissen Eltern, wenn sie *ihr* Kind in den Arm nehmen, es aufhört zu weinen. Das Herstellungswissen ist aber auf eine bestimmte Situation oder Person beschränkt (vgl. Fietkau / Görlitz 1981, S. 67f.). Hingegen ist das Regelwissen nicht auf Personen oder Situationen beschränkt, d.h., hier geht es um allgemeine Gesetzmäßigkeiten. So wissen Eltern, dass sich Kinder normalerweise beruhigen, wenn sie in den Arm genommen werden. Die dritte Form erklärt, wie ein Mensch funktioniert, d.h., es gibt hier Erklärungen zu Verhaltensweisen und Gesetzmäßigkeiten. Dieses Funktionswissen befähigt Eltern, zu wissen, dass ein Weinen ein Hilferuf sein kann und dass durch die Umarmung das Kind ein Gefühl der Geborgenheit und des Trostes entwickelt (vgl. ebd.). Die Autoren räumen aber auch ein, dass dieses Alltagswissen nicht unfehlbar ist.

Dennoch ermöglichen Alltagstheorien die Bildung von Erziehungskonzepten. „Mit diesem Erziehungskonzept wird der Erziehungsalltag gestaltet, der nicht nur durch das konkrete erzieherische Eingreifen, sondern überwiegend durch die Art des Zusammenlebens zwischen Eltern und Kindern bestimmt wird" (Tschöpe-Scheffler 2003, S. 33).

Außerdem benötigen Eltern eine Offenheit gegenüber neuen Situationen und die Reflexion ihres eigenen Verhaltens. Denn wie Fietkau und Görlitz (1981) schon darstellen, ist dieses Alltagswissen begrenzt und nicht unfehlbar.

Eltern verändern auch ihre Alltagskonzepte durch Auseinandersetzungen mit ihren Kindern. Außerdem bedarf es Offenheit der Eltern, um in unterschiedlichen Erziehungssituationen flexibel zu reagieren.

Deutlich wird in diesem Zusammenhang, dass das Erziehungsverhalten wesentlich von der grundsätzlichen Haltung der Eltern zum Leben abhängig ist. Ein großer Bestandteil eines Erziehungsprozesses sollte deshalb die Selbstreflexion der Eltern sein, sodass die Eltern zusammen mit ihren Kindern einen gemeinsamen Wachstumsprozess eingehen, der sich für beide entwicklungsfördernd auswirkt (vgl. ebd. S.38). Gerade eigene problematische Erfahrungen in der Biografie der Eltern werden häufig in der Erziehung der Kinder wieder aktualisiert. Damit diese Erfahrungen nicht ein Teil der Erziehung werden, sollten sich die Eltern damit auseinander setzen, sich austauschen und evtl. professionelle Hilfe in Anspruch nehmen.

Das Ziel der Erziehung ist es, dass sich Kinder zu autonomen, selbstsicheren, sozial kompetenten, emotional stabilen Persönlichkeiten entwickeln (vgl. ebd. S. 40). Dies ist nur dann möglich, wenn ihnen Eltern ihre Zuneigung, Achtung, emotionale Wärme zeigen, aber auch klare Strukturen und Grenzen setzen. Außerdem ist es wichtig, ihnen Mitbestimmung und Partizipation einzuräumen. Nur so können Kinder ein Gefühl von Selbstwirksamkeit entwickeln, welches sie autonom und selbstregulativ werden lässt. Nach Tschöpe-Scheffler (1993) sind es gerade Fähigkeiten, die in Beziehungen und durch Erfahrungen gelernt werden, die jemanden zu einem gesunden Menschen machen, der z.B. weniger Sucht gefährdet ist. Hier sind Fähigkeiten wie: Kommunikations- und Konfliktfähigkeit, Umgang mit Gefühlen und Stress, Frustrationstoleranz etc. zu nennen (vgl. S. 41).

Doch es gibt immer wieder Diskussionen über 'gute' und 'schlechte' Erziehung, deshalb werde ich mich in den nächsten Kapiteln mit entwicklungsförderndem und entwicklungshemmendem Erziehungsverhalten beschäftigen.

2.3 Entwicklungsförderndes Erziehungsverhalten

Nach Tschöpe-Scheffler (2003) ergeben sich vier Dimensionen des entwicklungsfördernden Erziehungsverhaltens: „liebevolle Zuwendung, Achtung und Respekt, Kooperation, Verbindlichkeit und Grenzsetzung" (S. 51).

2.3.1 Liebevolle Zuwendung

Wenn sich die Eltern dem Kind zuwenden, ihm ihre ganze Aufmerksamkeit schenken und echte Anteilnahme an den Problemen zeigen, kann man von liebevoller Zuwendung sprechen. Dies zeichnet sich durch die Körperhaltung und das Zeigen von Gefühlen aus. Dennoch werden die emotionalen Grenzen des Kindes nicht überschritten, indem die Eltern nicht in den persönlichen Bereich des Kindes eindringen und keinen Körperkontakt einfordern. Schon Johann Heinrich Pestalozzi (1746-1827) prägte den Begriff der „denkenden Liebe", den er von der Mutter forderte (vgl. Tschöpe-Scheffler 2003, S. 52). Er machte deutlich, dass nicht die „blinde Liebe", sondern die „sehende, wahrnehmende Liebe" ein wichtiger Bestandteil der Erziehung sein muss. Die Mutter soll deshalb darüber nachdenken, ob ihr Verhalten dem Kind auch wirklich nutzt. Diese wahrnehmende Liebe bedeutet: „beobachten und (sinnlich) wahrnehmen, handeln und geschehen lassen, planen und mit dem Geheimnisvollen rechnen, festhalten und loslassen" (ebd. S. 55). Gerade auch der Ablöseprozess des Kindes von der Mutter ist für Pestalozzi ein großes Anliegen. Deshalb rät er der Mutter, die er so darauf vorbereiten will, schon früh über die Beziehung nachzudenken und nicht das Kind für die eigene Bedürftigkeit zu missbrauchen.

Zusammenfassend ist festzuhalten, dass nur durch die Selbstreflexion der eigenen Gefühle eine wahrnehmende Liebe werden kann. Die Achtung des Kindes in seinem Anderssein ist ein Teil dieser Liebe geworden (vgl. ebd. S. 59).

2.3.2 Achtung und Respekt

Am deutlichsten wird dieser Aspekt für die Erziehung, wenn man sich die 'Pädagogik der Achtung' von dem Arzt und Pädagogen Janusz Korczak (1878-1942) ansieht. Dieser verlangte eine Struktur, in der das Kind das Recht auf Achtung hat.

„Ich fordere die Magna Charta Libertatis, als ein Grundgesetz für das Kind. Vielleicht gibt es noch andere – aber diese drei Grundrechte habe ich herausgefunden:
a) Das Recht des Kindes auf seinen Tod.
b) Das Recht des Kindes auf den heutigen Tag.
c) Das Recht des Kindes, so zu sein, wie es ist" (Korczak 1967, S. 40).

Das erste Recht, das zuerst etwas drastisch und absurd klingt, zeigt, dass er das Leben des Kindes in seine eigene Verantwortung legt. Er sieht hier die Gefahr, dass Eltern durch eine Fürsorge und ihre Ängste dem Kind die wesentlichen Lebens- und Erfahrungsmöglichkeiten nehmen (vgl. Tschöpe-Scheffler 2003, S. 63). Sein Ziel war es keineswegs, dass das Kind einfach nur das tun sollte, was es will, sondern es sollte die vorherrschende missachtende Haltung der Erwachsenen hinterfragt werden. Überträgt man diese Haltung auf das konkrete Erziehungsverhalten, so sollen sich die Eltern dem Kind mit voller Aufmerksamkeit zuwenden. Die kindliche Individualität soll damit geschätzt und geachtet werden und auch schwierige Persönlichkeitsanteile sollen anerkannt werden. Korczak sieht das Kind als ein Subjekt, das mit den Eltern in einer symmetrischen Beziehung lebt und ein vollwertiger Interaktionspartner ist (vgl. ebd. S. 63).

2.3.3 Kooperation

Kooperation kann nur bei einem partnerschaftlichen Umgang miteinander funktionieren. Außerdem spielt die Akzeptanz der Meinung des Kindes sowie die Achtung und Respekt eine wichtige Rolle. Nur wenn Erwachsene sich auch die Meinungen des Kindes anhören und es bei einer Entscheidung einbeziehen, kann von Kooperation gesprochen werden. Dabei wird Beteiligung nicht nur geduldet, sondern gewünscht.

2.3.4 Verbindlichkeit und Grenzsetzung

Auch der vierte Aspekt muss in eine liebevolle Beziehung mit emotionaler Wärme eingebunden sein. Trotz der vielen Erziehungsdebatten besteht heute weitgehend Einigkeit darüber, dass Kinder Grenzen und Strukturen brauchen. Viele Eltern sind jedoch unsicher, wie dies umzusetzen ist. Auch schon Pestalozzi hat sich mit der Grenzsetzung in der Erziehung beschäftigt und stellte dabei fest, dass Grenzen nur angebracht seien, wenn sie in Liebe gesetzt werden (vgl. Tschöpe-Scheffler 2003, S. 70). Außerdem gehöre zur Strafe auch das Einsehen des Grundes und ein schnelles Verzeihen.

Unumstritten ist, dass gerade kleine Kinder Grenzen brauchen, um sich zu orientieren. Dies erfüllt weiterhin ihr Grundbedürfnis nach Sicherheit. Da das Kind nur wenig Erfahrung hat, braucht es seine Eltern, die ihm Normen und Werte vermitteln. Durch klare Regeln und Strukturen hilft der Erwachsene dem Kind eine 'Ich-Identität' aufzubauen und gibt Verhaltenssicherheit (vgl. Erikson 1981, S. 17). Dazu gehören auch Konsequenzen, wenn das Kind sich nicht an diese Regeln hält. Diese Konsequenzen müssen mit dem Regelverstoß zu tun haben und dürfen das Kind nicht entwürdigen. Generell sollten Kinder, in Abhängigkeit vom Alter, an der Regelaufstellung beteiligt werden.

Zu den entwicklungsfördernden Aspekten gehören auch die Anerkennung der Rechte des Kindes. Deshalb werde ich, bevor ich auf entwicklungshemmende Faktoren eingehe, die Rechte des Kindes erörtern.

2.4 Die Rechte des Kindes

Im Jahr 1959 wurde durch die Vereinten Nationen die „Erklärung über die Rechte des Kindes" festgelegt. Hier wurden erstmals die bürgerlichen Rechte des Kindes angesprochen. Zu diesen Rechten gehören: „die Rechte auf Freiheit, auf Erziehung und Bildung, angemessene Versorgung, Liebe und Zuwendung, als auch der Schutz vor Diskriminierung und Gewalt" (Tschöpe-Scheffler 2003, S.42).

Erst 30 Jahre später wurden diese in einer UN-Vollversammlung, um persönliche, soziale, sittliche, kulturelle und politische Rechte erweitert. Diese UN-Konvention wurde erst 1992 durch die BRD unterzeichnet. Diese besagt in Artikel 3:

„Die Vertragsstaaten verpflichten sich, dem Kind unter Berücksichtigung der Rechte und Pflichten seiner Eltern, seines Vormundes oder anderer für das Kind gesetzlich verantwortlicher Personen den Schutz und die Fürsorge zu gewährleisten, die zu seinem Wohlergehen notwendig sind; zu diesem Zweck treffen sie alle geeigneten Gesetzgebungs- und Verwaltungsmaßnahmen" (UN-Kinderrechtskonventionen 1989 Artikel 3).

Diese Konvention umfasst 54 Artikel, die in vier Bereiche unterteilt sind:

1. Entwicklungsrechte (development rights): sie umfassen das Recht auf Bildung und Religionsfreiheit;
2. Überlebensrechte (survival rights): diese beinhaltet die Rechtsgrundlage auf angemessene Lebensverhältnisse, ausreichend Ernährung und Gesundheitsversorgung;
3. Beteiligungsrechte (participation rights): mit dem Recht auf freie Meinungsäußerung und dem Recht der Kinder sich aktiv an Entscheidungen zu beteiligen;
4. Schutzrechte (protection rights): diese umfassen den Schutz vor Gewalt, sexuellen Missbrauch und Ausbeutung.

In dem im Jahr 2000 vom Deutschen Bundestag verabschiedeten Gesetz zur gewaltfreien Erziehung von Kindern (§ 1631, II BGB) wurde vom Gesetzgeber ein deutliches Zeichen zur Achtung der Würde der Kinder gesetzt. Hiermit werden nicht nur körperliche Gewalt, sondern jegliche Formen entwürdigender Erziehung für unzulässig erklärt. Mit diesem Gesetz soll ein neues Leitbild der Erziehung in der Gesellschaft verankert werden, um die Würde und Persönlichkeit der Kinder zu schützen. Immerhin lehnen mehr als 80% der Eltern körperliche Strafen für ihre Kinder ab. Aber bei zwei Drittel der Familien gehören Ohrfeigen und Klapse zum Erziehungsalltag.

Dennoch ist dieses Gesetz kein Strafgesetz, da es nicht die Strafverfolgung zum Ziel hat. Es geht vielmehr um eine Verminderung der Gewaltausübung und um den Ausbau von Unterstützungs- und Hilfsangeboten für Familien. Insofern werden auf „Information, Prävention und helfende Angebote in Krisen- und Konfliktsituationen" (Tschöpe-Scheffler / Niermann 2002, S. 10) gesetzt.

Um eine gewaltfreie Erziehung zu fördern, wurden besondere Angebote für Eltern erforderlich, um Konfliktsituationen ohne Gewalt zu lösen. Aus diesem Grund wurde der §16 (KJHG), der die allgemeine Förderung der Erziehung in der Familie regelt, ergänzt:

„Sie (die Leistungen zur Familienförderung) sollen auch Wege aufzeigen, wie Konfliktsituationen in der Familie gewaltfrei gelöst werden können" (BMFSFJ 2002, S. 5).

2.5 „Mehr Respekt vor Kindern"

Das Gesetz zur Ächtung von Gewalt wurde vom BMFSFJ mit einer Kampagne „Mehr Respekt vor Kindern" begleitet. Durch diese sollte die Gesetzesänderung bekannt gemacht werden und so ein Paradigmenwechsel der Eltern gefördert werden. Dabei sollten die Eltern unterstützt werden, Konflikte und Überlastungs- bzw. Überforderungssituationen gewaltfrei zu bewältigen. Ein weiteres Ziel war die Anregung einer gesellschaftlichen Diskussion über gewaltfreie Erziehung. Außerdem sollten die Erziehungskompetenz und das Selbstvertrauen der Eltern gesteigert werden. Diese Kampagne begann im September 2000 und endete im Dezember 2001. Sie bestand aus zahlreichen Vor-Ort-Aktionen in 35 Standorten im gesamten Bundesgebiet und zahlreichen Einzelprojekten, außerdem Werbung und Öffentlichkeitsarbeit. In diesem Kontext wurden auch Elternkurse angeboten.

Prof. Dr. Bussmann von der Martin-Luther-Universität Halle-Wittenberg führte in der zweiten Jahreshälfte 2001 zwei Studien zu der Wirkung der Kampagne durch.

Bei der ersten Studie befragte er 1.000 Facheinrichtungen mittels Fragebogen. Es zeigte sich, dass der Bekanntheitsgrad in den Fachkreisen enorm hoch ist (90% der Befragten kennen die Kampagne, in den Kampagnenorten sogar 97%). 98% der Befragten erachten die Vermittlung des gewaltfreien Erziehungsleitbildes als wichtig und praxistauglich an. Bussmann (2001) hält damit fest, dass diese Kampagne eine hohe Akzeptanz in den Fachkreisen hat und damit „die Basis für den mittelfristigen Erfolg des neuen Rechts auf gewaltfreie Erziehung geschaffen werden konnte" (ebd. S. 16).

In der zweiten Studie wurden persönliche Interviews mit 3.000 Eltern geführt, deren Kinder unter 18 Jahren waren. Diese Eltern stammten aus dem gesamten Bundesgebiet. Bussmann konnte festhalten, dass ein Drittel der Eltern schon einmal etwas von der Kampagne und der Rechtsreform gehört hatten. Außerdem befürworteten 85% der Eltern das Ziel einer gewaltfreien Erziehung. Auch das Gewaltniveau ist gesunken. Betrachtet man frühere Studien, beispielsweise von 1994, so bekannten sich dort noch über 70% zum Gebrauch von Ohrfeigen. 2001 waren es noch knapp 60% der Eltern. Außerdem hat sich das Rechtsbewusstsein deutlich verändert. Während 1996 noch 83% der Eltern leichte Körperstrafen für zulässig hielten, waren es 2001 noch 61% (vgl. ebd. S. 17).

Bevor ich nun auf die entwicklungshemmenden Faktoren eingehe, möchte ich einen kurzen Überblick über die vorherrschenden Gewaltformen in der Erziehung geben.

2.6 Gewaltformen in der Erziehung

Unanzweifelbar brauchen Kinder in der Erziehung Grenzen, immer dann, wenn dem Kind durch sein Verhalten Gefahren drohen, es Grenzen anderer verletzt oder gesellschaftliche Regeln nicht eingehalten werden. Doch die Grenzziehung wird individuell durch die Eltern festgelegt und ist dadurch deren Willkür, Persönlichkeit und Sozialisation ausgesetzt. Doch viele Maßnahmen von Eltern auf Grenzüberschreitungen der Kinder zu reagieren, fallen unter physische oder psychische Gewalt. Außerdem sind immer noch Erziehungsmethoden verbreitet, die Gewalt beinhalten, aber von vielen Eltern befürwortet werden. Nach Martin und Martin (2003) erfahren in den modernen westlichen Ländern 60-80% der Kinder vom Säuglingsalter an körperliche Strafen (S. 13). 10-30% dieser Kinder werden mit Gegenständen geschlagen, teilweise mit den Folgen leichter und schwerer Körperverletzungen.

„Als Bedingung gewalttätigen Elternverhaltens werden zumeist angeführt: unverarbeitete Erfahrungen der Eltern, übernommene Gewohnheiten, Konflikte zwischen den Eltern und im Berufsleben, Sozialschicht-, Umwelt- und Gesellschaftsbedingungen, rigide Erziehungsziele, situative und persönlichkeitsbedingte Faktoren" (Martin / Martin 2003, S. 14).

Zusammenfassend kann man feststellen, dass „alle Erziehungsmaßnahmen, die die Persönlichkeit und Würde eines Kindes verletzen, es demütigen und herabsetzen und seine Entwicklung hemmen, als Erziehungsgewalt verstanden [werden muss], hierzu gehören psychische und physische Gewaltakte" (Tschöpe-Scheffler/ Niermann 2002, S. 12).

Meist wird Gewalt gegen Kinder in körperliche und psychische Misshandlung, Vernachlässigung und sexuellen Missbrauch unterteilt (vgl. Deegener 2000, S. 31). Der sexuelle Missbrauch wird meist als spezifische Form der körperlichen und psychischen Gewalt definiert wird. Erwachsene nutzen hierbei die Machtstellung gegenüber dem abhängigen Kind aus. Zur Kategorie der körperlichen Misshandlung gehören alle Fälle von roher Gewalt gegenüber Kindern, z.B. Tritte oder Schläge. Auch der Klaps oder die Ohrfeige ist als körperliche Misshandlung anzusehen.

Wenn bewusst oder fahrlässig elementare Bedürfnisse des Kindes nicht befriedigt werden und die physische, psychische und soziale Entwicklung nicht gefördert wird, spricht man von Vernachlässigung. Die Folgen davon sind meistens eine wenig stabile oder gar nicht existierende Bindung. Flitner (1990) bemerkt, dass psychische Misshandlung in „verdeckter Form als pädagogische Nötigung oder als psychologischer Druck [auftritt] und somit nur raffinierter und damit unlauterer ist, aber nicht von grundsätzlich anderer Qualität als die Lenkung und Bestrafung mit körperlicher Gewalt" (S. 99).

Diese Misshandlungen schließen Missachtung, Beschimpfung, Erniedrigung und Ablehnung mit ein.
Zu bemerken gilt hier, dass auch Überbehütung, Überfürsorge und die so genannte 'Wohlstandsverwahrlosung' ebenfalls in diesen Bereich gehören. Diese Formen sind ebenso entwicklungshemmend, da überbehütete Kinder weniger Möglichkeiten haben selbstständig zu werden. Außerdem sind sie so von ihren Eltern abhängig, dass sie stets Angst haben müssen, diese zu enttäuschen. Mit 'Wohlstandsverwahrlosung' ist gemeint, dass Kinder immer anstelle emotionaler Zuwendung materielle Zuwendung erhalten.
Auf die Faktoren der psychischen Gewalt werde ich im nächsten Kapitel noch genauer eingehen.

2.7 Entwicklungshemmendes Erziehungsverhalten

„Entwicklungshemmendes Verhalten verstehen wir als psychische Gewalt, die in einem „zu Viel" oder einem „zu Wenig" von Nähe, Distanz, emotionaler Befriedigung, Förderung, Schutz, Sicherheit und Annahme zu finden ist" (Tschöpe-Scheffler 2003, S. 98).

Psychische Gewalt findet immer auf der Kommunikationsebene statt, sodass das Kind beispielsweise angeschwiegen und damit ignoriert wird. Ich werde nun einzelne Aspekte dieser Gewaltform detaillierter darstellen.

2.7.1 Ablehnung und Unterbehütung

Immer wenn es an Schutz, Fürsorge und emotionaler Unterstützung für das Kind mangelt, kann von Unterbehütung gesprochen werden. Das Kind wird offen abgelehnt, ignoriert und Körperkontakt wird vermieden (vgl. ebd. S. 99). Auf die Bedürfnisse des Kindes wird nicht eingegangen und meistens finden sie nicht einmal Beachtung. Ein bedürftig-abhängiger Kommunikationsstil zwischen dem Erwachsenen und dem Kind zeigt ihm, dass es stark sein und den Elternteil beschützen und unterstützen muss. Das Kind wird stets darauf hingewiesen, dass es für die Eltern sorgen muss, wobei natürlich das 'Kindsein' zu kurz kommt. Die Bedürfnisse nach Schutz und Fürsorge werden nicht erfüllt und das Kind wird absolut überfordert (vgl. ebd.). Eine Unterbehütung tritt häufig bei Drogen- oder Alkoholabhängigen Eltern auf, da viele nicht in der Lage sind, die Elternfunktion einzunehmen.

Kinder, die ständig Ablehnung ihrer Eltern erfahren, werden ein ungünstiges Selbstkonzept entwickeln, da nicht ihr Verhalten, sondern ihre ganze Person abgelehnt wird. Dieses hat negative Auswirkungen auf das Verhalten des Kindes, besonders wenn es sich gerade in einer Entwicklungsphase wie Trotzphase oder Pubertät befindet.

2.7.2 Überbehütung

Das komplette Gegenteil der Unterbehütung mitsamt der emotionalen Kälte, ist die Überbehütung durch emotionale 'Überhitzung'.

Da zur Entwicklung des Selbstkonzeptes auch die Selbsterfahrung des Kindes eine wichtige Rolle spielt, ist diese Form der psychischen Gewalt genauso bedenklich. Kinder haben hier keine oder nur sehr wenige Möglichkeiten, verschiedene Situationen zu erleben und Probleme selbst zu meistern. Diesen Kindern wird alles abgenommen und dadurch ihre Autonomie stark eingeschränkt. Eltern, die ihren Kindern alles abnehmen, vermitteln ihnen, dass sie kein Vertrauen in das Kind haben und sind deshalb häufig überängstlich. Auch Tausch und Tausch (1991) sind der

Meinung, dass Eltern hier die Offenheit für die Bedürfnisse des Kindes fehlt. Denn es wird nur ein selbstbestimmtes verantwortliches Handeln gefördert, wenn sich Menschen mit ihrem Erleben, ihren Erfahrungen und ihrem Verhalten auseinander setzen (vgl. S. 68).

Häufig wird von den Eltern Körperkontakt eingefordert, es entsteht eine überstarke Bindung und ein Überschreiten der emotionalen Grenzen des Kindes. Zur Folge hat dies in jedem Fall, dass die Handlungskompetenz und die Selbstwirksamkeitsüberzeugung des Kindes stark eingeschränkt ist (vgl. Tschöpe-Scheffler 2003, S. 105). Von Covitz (1992) wurde angemerkt, dass auch durch harmlose Überbehütung ein „Underachiever", eine Person, die nie an sein Leistungsniveau herankommt, entstehen kann (vgl. S. 89).

2.7.3 Missachtung

Missachtung zeichnet sich dadurch aus, dass Eltern ihre Interessen und Bedürfnisse in den Vordergrund stellen und die Bedürfnisse des Kindes nicht oder nur marginal beachten. Das Kind wird nicht als Subjekt mit eigener Meinung und eigenen Bedürfnissen angesehen, sondern durch die Eltern dominiert. Durch die Demonstration der Machtposition der Eltern wird dem Kind seine Unterlegenheit und Unfähigkeit gezeigt (vgl. Tschöpe-Scheffler 2003, S. 106). Das Kind wird als minderwertig dargestellt und wird gedemütigt, beleidigt und absichtlich ignoriert (vgl. Tausch / Tausch 1991, S. 121).
Wenn ein Kind stets missachtet wird, kann es kein gesundes, positives Selbstwertgefühl aufbauen, da es immer wieder zu spüren bekommt, nichts wert zu sein.

2.7.4 Dirigismus

Tausch und Tausch (1991) bezeichnen den bestimmenden und kontrollierenden Kommunikationsstil, der das Kind ändern und kontrollieren will, als 'Dirigierung' (vgl. S.121).

Sie stellen heraus, dass durch Dirigismus „das Lernen von Selbstbestimmung, Selbstverantwortung, sozialer Ordnung sowie sozial verantwortlichem Gebrauch der persönlichen Freiheit" besonders eingeschränkt wird (Tausch / Tausch 1991, S. 332).

Auch hier wird die Autonomie durch Kontrolle und Verbote stark eingegrenzt. Das Kind erlebt sich als unfähig und inkompetent, da der Erzieher stets alles entscheidet (vgl. Tschöpe-Scheffler 2003, S. 108).

2.7.5 Grenzenlosigkeit und Beliebigkeit

Der letzte Faktor, der sich entwicklungshemmend auswirkt, zeigt sich in der Grenzenlosigkeit und beliebigen Grenzsetzung. Wie ich schon bei den entwicklungsfördernden Faktoren darstellte, brauchen Kinder Grenzen, um sich orientieren zu können. Wenn Kinder keine Orientierung und Struktur erhalten, haben sie keine Handlungssicherheit und wissen nicht, worauf sie sich verlassen können. Dies ist ähnlich, wenn Grenzen beliebig gesetzt und wieder verschoben werden. Das Kind weiß nicht, wie es sich richtig verhalten soll, da die Erziehung sehr willkürlich ist.

Betrachtet man alle entwicklungsfördernden und entwicklungshemmenden Faktoren, so ist festzustellen, dass es nicht ausschließlich Familien gibt, die dem einen oder dem anderen Extrem folgen. Viele Familien befinden sich eher in der Mitte und haben sowohl positive als auch negative Faktoren in ihre Erziehung integriert. Die Elternkurse, auf die ich in späteren Kapiteln noch eingehe, sollen den Eltern helfen, bewusst ihre Kinder zu erziehen und möglichst das entwicklungshemmende Erziehungsverhalten zu minimieren.

Doch zuvor, stelle ich die Erziehungsberatung früher und heute und das Qualitätsmanagement in dieser vor.

3. Geschichte der Erziehungsberatung

Im Jahre 1903 wurde vom Kriminalpsychiater W. Cimbal die erste heilpädagogische Beratungsstelle errichtet, dies gilt als die historische Gründung der Erziehungsberatung. Diese Beratungsstellen, die in der Folgezeit mehr wurden, waren für delinquente Jugendliche konzipiert.

„Die inhaltliche Arbeit dieser Stellen wurzelte in den Bereichen der Jugendfürsorge, Sonder- und Heilpädagogik, Entwicklungsmedizin, der Kinder- und Jugendpsychologie sowie der Psychoanalyse" (Presting 1991, S 10).

Etwa 13 Jahre später wurden sogenannte „Jugendsichtungsstellen" von dem Psychiater Dr. Fürstenheim gegründet. Hier wurden Kinder und Jugendliche bei Jugendgerichts-Fürsorgeverfahren begutachtet und untersucht. Eine weitere Aufgabe war die Erziehungs- und Ausbildungsberatung. In der Erziehungsberatung sind besonders auch die Wurzeln der Psychotherapie zu finden. Aus einem „psychoanalytischem Ambulatorium" in Wien wird 1922 eine Erziehungsberatungsstelle und Aichhorn nutzt die Psychoanalyse zur pädagogischen Arbeit mit verwahrlosten Jugendlichen (vgl. Abel 1998, S. 24). Die ersten Erziehungsberatungsstellen, die ihre Hilfen auch besonders Familien und Schulen anboten, waren die individualpsychologisch ausgerichteten Erziehungsberatungsstellen nach Adler. Hier ging es nicht nur um die konkreten Hilfen, sondern erstmals auch um Aufklärung und Beratung. Diese Form der Erziehungsberatung findet vor allem in Wien größere Verbreitung, sodass bereits 1928, in jedem Stadtbezirk von Wien schon 22 Beratungsstellen vertreten sind. Hingegen hatte die heilpädagogisch ausgerichtete Erziehungsberatung ihren Schwerpunkt unter Hanselmann in der Schweiz. Insgesamt gibt es vier historische Entwicklungslinien der Erziehungsberatung:

„1. die psychoanalytischen Wurzeln;
2. der psychiatrisch, kriminologische Zugang;
3. sozialpädagogische, fürsorgerische Reformansätze;
4. heilpädagogische Herangehensweise" (Abel 1998, S. 24).

Das Reichsjugendwohlfahrtsgesetz (RJWG) führte den §4, Abs.1 ein, der besagte, dass die Jugendämter nun auch für „die Beratung in Angelegenheiten der Jugendlichen" zuständig seien. Dennoch war dies keine verpflichtende Aufgabe und es gab auch hierfür keine rechtliche Verankerung als Maßnahme oder Institution (vgl. ebd., S. 26). Gleichwohl führte es zu einer erhöhten Gründung der Erziehungsberatungsstellen.

Während es 1928 noch 1251 Jugendämter im Reich gibt, werden in Folge der Weltwirtschaftskrise, aus Kostengründen immer mehr abgebaut. Ein anderer Aspekt, der zur „Entlassung unerziehbarer Jugendlicher" führte, war das, zu der Zeit vorherrschende Menschenbild. Dieses war das „rednistische Menschenbild der bürgerlich-kapitalistischen Gesellschaft (in dem der Mensch auf seine Arbeitskraft und der Wert des Menschen auf den Wert dieser Arbeitskraft verkürzt werden)" (Roer 1998, S. 170).

Deshalb wird vom Kölner Psychiater Aschaffenburg besonders der Begriff der „Asozialen" geprägt. Dazu zählen nach ihm z.B. Bettler, chronisch, körperlich oder geistig Kranke, Epileptiker, Verbrecher etc. Diese Klassifikation und Selektion fand in dieser Zeit viel Zuspruch. Insgesamt lässt sich festhalten, dass zum Ende der 20' er Jahre rassistische und nationale Ideologien zu einem wachsenden Trend in der Jugendhilfe wurden (vgl. Abel 1998, S. 29).

Unter der nationalsozialistischen Herrschaft stellten die meisten der 80 noch vorhandenen Erziehungsberatungsstellen ihre Arbeit ein. Es bestanden noch wenige Jugendämter und psychiatrische Kliniken in Tübingen, Bielefeld, Bonn, Chemnitz, Kiel, Leipzig und Heidelberg (vgl. Presting 1991, S. 11). Auch die Jugendhilfe erfährt durch die Machtübernahme der Nationalsozialisten eine „Gleichschaltung ihrer Strukturen, Aufgaben und Ziele nach den Prinzipien von Staat und Partei" (Abel 1998, S. 29). Besonders deutlich wird das durch die Errichtung der „Nationalistischen Volkswohlfahrt" (NSV). Aufgabe der NSV war es, ausschließlich für „erbgesunde" Jugendliche eine Erziehungsberatungsstelle aufzubauen. In diesen Beratungsstellen werden Laienhelfer eingesetzt, um nach ihrer Menschenkenntnis Verhaltensauffälligkeiten zu diagnostizieren und Erziehungsfehler zu beheben. Auch die auf Ortsgruppen- und Kreisebene eingesetzten NSV Helferinnen wurden nur mit einer kurzen Schulung auf ihre Aufgaben vorbereitet. Nur auf der Gauebene werden psychologische und pädagogische Fachkräfte eingesetzt. Ihre Diagnose entscheidet über den weiteren Verbleib der Betroffenen, das kann von Maßnahmen der Fürsorgeerziehung bis zur Ermordung reichen. Auch hier wurden die asozialen, kriminellen und „ethnisch defekten Typen" (Seif 1940 zit.n. Abel 1998, S. 34) ausselektiert und damit die schon vorher vorherrschenden Einstellungen weiterentwickelt. Das Ziel dieser Beratungsstellen war also ausschließlich die bessere Klassifizierung und Erfassung dieser Klientel.

Durch schwierige familiäre Verhältnisse war die Zeit nach dem Kriegsende gekennzeichnet. Vielen Familien fehlten die materiellen Grundlagen. Wohnungsnot, Ernährungsmangel und ca. eine Million Kriegswaisen, die in vaterlosen Familien aufwuchsen, bestimmen die Situation. Nicht zu vernachlässigen waren die vielen traumatischen Erlebnisse der Eltern und Kinder. Außerdem war eine steigende Zahl von Jugendkriminalität und Jugendverwahrlosung zu verzeichnen. Die Jugendämter waren aufgrund des wenigen und unzureichend ausgebildeten Personals überfordert. Die Rechtsgrundlage war nach wie vor das RJWG, das die Besatzungsmächte für unbedenklich erklärt hatten (vgl. Abel 1998, S. 37). Die im Jahre 1953 durchgeführte Novellierung des bereits seit 1922 bestehenden Reichsgesetzes für Jugendwohlfahrt, verpflichtet nun die Jugendämter, Erziehungsberatungsstellen zu fördern, anzuregen oder selbst welche zu initiieren. Außerdem wurde 1956 der Empfehlung der WHO gefolgt, die pro 45.000 Einwohner eine Erziehungsberatungsstelle gefordert hatten. Dennoch wurde von der Empfehlung der WHO, jede Beratungsstelle mit fünf Fachkräften zu besetzten, abgewichen und nur mindestens drei hauptamtliche Mitarbeiter und eine Bürokraft vorgesehen. Die Bundeskonferenz für Erziehungsberatung e.V. entsteht 1961 als Fachverband der Erziehungsberater. In den 70' er Jahren geht der Ausbau der Erziehungsberatungsstellen stark voran. Gab es 1962 noch 324 Einrichtungen, so verdoppelte sich die Zahl bis 1982 auf 784 Beratungsstellen (vgl. Presting 1991, S. 20).

4. Erziehungsberatung heute

„Jeder junge Mensch hat ein Recht auf Förderung seiner Entwicklung und auf Erziehung zu einer eigenverantwortlichen und gemeinschaftsfähigen Persönlichkeit (§1 Abs.1 KJHG). Dies ist das grundsätzliche Ziel, an dem sich die Jugendhilfe bei allen Aufgaben, Leistungen und Tätigkeiten zu orientieren hat" (Kommunale Gemeinschaftsstelle für Verwaltungsvereinfachung KGSt–Bericht 1993, S.10 zit.n. Abel 1998, S. 88).

Besonders nach §1 Abs.3 KJHG sollen durch die Jugendhilfe besonders junge Menschen gefördert werden, damit Benachteiligungen vermieden oder abgebaut werden können. Außerdem sollen dort Eltern oder Erziehungsberechtigte beraten und unterstützt werden. Die Jugendhilfe soll allgemein dazu beitragen, eine familienfreundliche Umwelt und positive Lebensbedingungen für Kinder, Jugendliche und Familien zu schaffen.

4.1 Das neue Kinder- und Jugendhilfegesetz (KJHG)

Das neue KJHG trat 1991 in Kraft und löste damit das alte Reichsjugendwohlfahrtsgesetz (RJWG) ab. Das KJHG wird aufgrund seiner Einordnung in das achte Buch des Sozialgesetzbuches (SGB) ein Teil des Sozialrechts. Ferner wird dieses Gesetz als ein „präventives Leistungsrecht" (Abel 1998, S. 97) verstanden, wodurch Präventionsleistungen und Förderangebote ausgebaut werden sollen.

Von der Bundesregierung werden die wichtigsten Ziele dieses Gesetzes so benannt:

„Ablösung des eingriffs- und ordnungsrechtlichen Instrumentariums des geltenden Gesetzes durch ein modernes präventives Leistungsgesetz, das Eltern bei ihren Erziehungsaufgaben unterstützt und jungen Menschen das Hineinwachsen in die Gesellschaft erleichtert. Im Hinblick auf die grundrechtlich den Eltern obliegende Erziehungsverantwortung ist es das oberste Ziel öffentlicher Jugendhilfe, Eltern bei ihren Erziehungsaufgaben zu unterstützen und damit indirekt die Erziehungssituation von Kindern und Jugendlichen zu verbessern" (BMJFFG 1989 zit.n. Hundsalz 1995, S. 58).

4.2 Institutionelle Erziehungsberatung

Die Erziehungsberatung gehört zu den „zentralen Beratungsangeboten der Jugendhilfe" (KGSt-Bericht 1993, S. 52). Das Angebot der institutionellen Erziehungsberatung zeichnet sich durch ein niedrigschwelliges Hilfsangebot aus. Dieses können Kinder, Jugendliche, Eltern und andere Erziehungsberechtigte in Anspruch nehmen (vgl. Gerth / Menne / Roth 1999, S. 11). Aufgrund von §28 KJHG haben Hilfebedürftige einen Rechtsanspruch auf ein niedrigschwelliges, kostenloses Beratungsangebot, wenn keine zum Wohl des Kindes stattfindende Erziehung zu verzeichnen ist. Da das Leistungsspektrum der Erziehungsberatungsstellen stark von den regionalen Erfordernissen und nicht zuletzt auch von den Zielen des Trägers abhängig ist, gibt es unterschiedliche Aufgabenstellungen und Zielsetzungen. Dennoch bestehen bei den Arbeitsfeldern Beratung und Therapie, präventive Angebote und Vernetzungsaktivitäten weitgehender Konsens (vgl. Gerth et al. 1999, S. 10). Damit bietet eine Erziehungsberatungsstelle ein individuelles Hilfsangebot an, da die unterschiedlichen Therapie- und Beratungsangebote flexibel an das jeweilige Problem angepasst werden können. Ein weiterer großer Aspekt sind die präventiven Aktivitäten, die sich mit den individuellen Hilfen verbinden. Außerdem werden Vernetzungen zu anderen Kooperationspartnern geschaffen, um auch andere Unterstützungsmöglichkeiten mit einzubeziehen.

Schwerpunktmäßig ist die Arbeit der Erziehungsberatungsstellen durch Beratung und Therapie gekennzeichnet. Es gibt viele verschiedene Anlässe, warum Eltern, Jugendliche oder Kinder sich an eine Beratungsstelle wenden. Ein häufiger Anlass sind Erziehungsfragen oder Erziehungsschwierigkeiten. Hier wird zum einen der Wunsch nach konkreten Hilfen laut, aber auch Hilfen zur Orientierung werden immer mehr gefordert (vgl. ebd. S. 14). Weitere Anlässe sind seelische Probleme oder Verhaltensauffälligkeiten der Kinder. Aber auch Leistungsprobleme, körperliche Auffälligkeiten und familiäre Krisen bis hin zur Trennung und Scheidung sind häufige Anlässe. Bei Leistungsproblemen werden die Kinder dann häufig von ihren Eltern vorgestellt, um Gründe und Förderungsmaßnahmen zu erfahren.

Ziele der Beratung und Therapie sind u.a. die Klärung und Hilfestellung bei individuellen und familiären Problemen, eine Vermeidung der Verschlimmerung der Probleme, sowie die Mobilisierung von Ressourcen (vgl. ebd. S. 17). Sollte eine Problemlösung nicht möglich sein, dann sollte das Ziel zumindest ein besserer Umgang mit dem Problem sein. Durch das multidisziplinäre Team bestehend aus Psychologen, Sozialarbeitern, Sozialpädagogen und Fachkräften mit therapeutisch-pädagogischen Zusatzausbildungen, können verschiedene Therapierichtungen (Familientherapie, Systemische Therapie, Gestalttherapie etc.) umgesetzt werden.

Der zweite Tätigkeitsbereich umfasst die präventiven Angebote, die sich an Eltern, Jugendliche und Kinder richten, die nicht mit einem konkreten Anliegen zur Beratung kommen. Diese Angebote sind einzelfallübergreifend und richten sich an bestimmte öffentliche Gruppen oder Veranstaltungen (vgl. ebd. S. 22). Als Beispiele sind Elternabende zu spezifischen Themen, Supervisionen, Fortbildungen für Erzieher, Projekte und Vorträge zu Erziehungsthemen.

Ziel der präventiven Angebote ist es, die Erziehungskompetenz der Eltern zu stärken und damit auch entwicklungsfördernd auf die Kinder einzuwirken. Durch die Teilnahme an diesen Angeboten lernen Eltern mehr über die Entwicklung des Kindes, die Entstehung von problematischem Verhalten und haben die Möglichkeit sich mit anderen Eltern auszutauschen. Auch Kinder und Jugendliche werden durch diese Maßnahmen angesprochen. In diesen Angeboten stehen eigene Wünsche und Bedürfnisse, Konfliktfähigkeit, Eigenständigkeit und Verantwortungsübernahme mit im Vordergrund. Insgesamt ist festzuhalten, dass diese präventiven Maßnahmen sich von den anderen Aufgaben abheben, indem hier die Berater auf die Klientel zugehen und sie diese auch in ihren eigenen Lebensumständen aufsuchen.

Der dritte Bereich, den die Erziehungsberatungsstellen erfüllen, sind die Vernetzungsaktivitäten. Hier wird das Zusammenspiel unterschiedlicher Hilfsangebote koordiniert. Es können mit dem Jugendamt, Familienrichtern, Einrichtungen des Kinderschutzes, der Polizei, stationären und wissenschaftlichen Einrichtungen Vernetzungen bestehen. Wie auch die

präventiven Angebote sind auch die Vernetzungsaktivitäten nicht einzelfallbezogen. Zu Unterscheiden sind noch die drei Ebenen:
- fachlich: Austausch mit Kollegen und Einrichtungen
- organisatorisch: Klärung von Arbeitsabläufen, Schwerpunktsetzungen
- politisch: Mitwirkung in der Jugendhilfeplanung (vgl. ebd. S. 26).

Der Austausch der einzelnen Berater, auch mit anderen Einrichtungen, ist eine fachliche Hilfe untereinander, die letztendlich dem Wohle der Familie dient. Gewonnene Erfahrungen können weitergegeben werden, sodass auch noch andere Berater davon profitieren können.

4.2.1 Das Klientel der Erziehungsberatungsstellen

Mit Hilfe der Kinder- und Jugendhilfestatistik des Statistischen Bundesamtes (2003) lässt sich das Klientel, dass eine Erziehungsberatungsstelle aufsucht, näher beschreiben. Nach dieser Statistik nahmen 2002 insgesamt 289.600 junge Menschen bis zu einem Alter von 27 Jahren eine Beratung in Anspruch. Dies waren 3% mehr Beratungen als im Jahre 2001. Schaut man sich die Altersverteilung an, so ist festzustellen, dass 59% der zu beratenen Menschen im Alter von 6 bis 14 Jahren und nur 20% zwischen 6 bis 8 jährige Grundschüler waren. Zwei Drittel der Beratungen dauerten weniger als sechs Monate.

Hauptsächlich erfolgte die Kontaktaufnahme durch die Mutter (67%), 7% der jungen Menschen suchten selbständig den Kontakt. In 26% der Fälle wurde durch beide Elternteile, den Vater allein oder durch soziale Dienste die Kontaktaufnahme angeregt.

Der häufigste Beratungsanlass war mit 40% Beziehungsprobleme, weiterhin häufig waren Entwicklungsauffälligkeiten (27%), Schul- und Ausbildungsprobleme (27%) und Trennung oder Scheidung der Eltern (22%). Eine sehr geringe Anzahl Klienten (3%) kamen aufgrund von sexuellem Missbrauch zur Beratung (vgl. Statistisches Bundesamt 2003).

4.3 Theorien zum Qualitätsmanagement allgemein

Bevor ich auf das Qualitätsmanagement der Erziehungsberatungsstellen eingehe, möchte ich die Definition des Deutschen Instituts für Normung (1992) zum Begriff der Qualität anführen.

Danach ist Qualität als „Gesamtheit von Eigenschaften und Merkmalen eines Produkts oder einer Dienstleistung, die sich auf deren Eignung zur Erfüllung festgelegter oder vorausgesetzter Erfordernisse beziehen" (zit.n. Nübling / Schmidt, 1998).

Deutlich wird, dass diese Normung nur als Leitfaden zur formalen Systematisierung dient. Das Konzept der Qualitätssicherung stammt aus dem Wirtschaftsbereich und entwickelte sich durch zunehmende Konkurrenz und der Verbesserung des Konsumentenschutzes. Hierbei stand zuerst die Endkontrolle der Produkte im Mittelpunkt. Es stellte sich aber schnell heraus, dass sich dadurch keine Produktionskosten einsparen ließen. Aus diesem Grund wurde in der Folgezeit der Produktionsprozess kontrolliert, um präventiv Qualitätsmängeln vorzubeugen. Da durch diese starken Kontrollen die Mitarbeiter zunehmend demotiviert wurden, entstanden alsbald Konzepte des Qualitätsmanagements.

Dieser Begriff „Qualitätsmanagement gestattet eine einheitliche Perspektive auf Kunden, Organisation, Geldgeber, Vermittler, Mitarbeiter und Manager" (Martin 1993, zit. n. Straus 1998, S. 491). Hierbei wird besonders den Mitarbeitern mehr Verantwortung für die Qualität übertragen, auch indem Mitarbeiter zusammen mit den Produzenten die Qualität der Produkte steuern und diskutieren. Ein neuerer Ansatz des Qualitätsmanagements wird als TQM (Total Quality Management) bezeichnet. Dieser Ansatz geht über die Produktion hinaus und umfasst damit auch die Arbeitsbedingungen und Außenbeziehungen. Wichtige Faktoren für die Qualität der Dienstleistungen sind Fähigkeiten, Kreativität und die Flexibilität der Mitarbeiter (vgl. Straus 1998, S. 492). „Die Prozeßorientierung, Kundenorientierung und Mitarbeiterorientierung bilden die drei zentralen Säulen des TQM" (ebd.).

Bei der Kundenorientierung wird zwischen externen und internen Kunden unterschieden. Während interne Kunden die Mitarbeiter selbst sind, können externe Kunden, Klienten oder Kostenträger sein.

Donabedian (1966) unterschied zwischen Struktur-, Prozess- und Erlebnisqualität. Diese Unterscheidung ist auch heute noch, auch in der Jugendhilfe, verbreitet. Auch die Empfehlungen der Bundeskonferenz für Erziehungsberatung, auf die ich im nächsten Kapitel eingehen werde, haben sich an diesen drei Dimensionen orientiert.

4.4 Qualitätsmanagement in Erziehungsberatungsstellen

Von 1996 bis 1998 hat die Bundeskonferenz für Erziehungsberatung, mit Förderung des Bundesministeriums für Familien, Senioren, Frauen und Jugend ein Projekt zur Qualitätssicherung in Erziehungs- und Familienberatungsstellen durchgeführt. Die Bundeskonferenz für Erziehungsberatung, im Folgenden 'bke' abgekürzt, hat dafür eine strukturierte Beschreibung der Qualitätsmerkmale in Bezug auf Struktur-, Prozess- und Ergebnisqualität erarbeitet. Mit Hilfe von Kennziffern wird jedes einzelne Merkmal operationalisiert.
„Eine Kennziffer drückt aus, wie das jeweilige Merkmal „gemessen" werden kann" (Gerth et al. 1999, S, 29).

Ich werde mich in den nächsten Kapiteln ausführlicher mit der Struktur-, Prozess- und Ergebnisqualität beschäftigen.

4.4.1 Strukturqualität

Bei der Strukturqualität werden die auf Dauer angelegten Bedingungen beschrieben, die sowohl den materiellen Rahmen, als auch die personellen Ressourcen umfassen.
Ein wichtiges Element ist die Niedrigschwelligkeit. Ein großer Anspruch, den die Erziehungsberatungsstellen hegen, ist frühzeitig Hilfen anzubieten, um eine Verschlimmerung oder Verfestigung des Problems zu vermeiden. Daher muss der Zugang zu dieser Beratung für die Klienten so einfach wie möglich gehalten werden. Deshalb bemühen sich immer mehr Beratungsstellen, ihre Angebote unterschiedlichen Zielgruppen näher zubringen und mit Hilfe von kurzen Wartezeiten und flexiblen Gesprächsterminen die Inanspruchnahme zu erleichtern. Eine Erziehungsbera-

tungsstelle aufzusuchen, geht meistens auf den Entschluss der jungen Menschen selbst oder der Eltern zurück. Manchmal wird ihnen auch von anderen Institutionen geraten, diese aufzusuchen. Die erste Kennziffer, die in diesem Kontext eingeführt wird, ist, dass ein „freier Zugang ohne förmliche Leistungsgewährung durch das Jugendamt möglich ist" (ebd. S. 31). Denn nur so können präventive Angebote auch genutzt werden und eine Inanspruchnahme für alle Ratsuchende sichergestellt werden.

Eine weitere Möglichkeit für Kinder und Jugendliche, eine solche Beratungsstelle aufzusuchen, ist in der Regel eine Hilfeplanung des Jugendamtes gemäß §36 KJHG. Wenn Kinder oder Jugendliche in Kontakt mit dem Jugendamt kommen, wird häufig im Rahmen der Hilfeplanung eine Beratung durch die Erziehungsberatungsstellen genutzt. In diesem Fall ist der Anspruch an eine Leistungsgewährung gebunden. Dadurch, dass dies zum „Indikator für gemeinsam getragene interinstitutionelle Zusammenarbeit" (ebd. S. 32) wird, ist eine weitere Kennziffer für Strukturqualität die „Anzahl der beendeten Fälle mit förmlicher Gewährung" (ebd.) eingeführt worden. Weiterhin wird von der 'bke' empfohlen, dass 80% der Erstgespräche innerhalb von vier Wochen abgehandelt werden und bei sehr dringenden Problemlagen diese schon am nächsten Tag stattfinden sollten. Weitere Kennziffern sind die Öffnungszeiten und Termine, die außerhalb dieser stattfinden. Nach der 'bke' sollte die wöchentliche Öffnungszeit 25 Stunden nicht unterschreiten, denn nur so kann den Ratsuchenden ein schneller Zugang ermöglicht werden. Außerdem sollten, wenn erforderlich, auch Termine außerhalb dieser regulären Öffnungszeiten angeboten werden, die im Kontext des örtlichen Bedarfs festzusetzen sind. Durch eine schnelle Erreichbarkeit mit öffentlichen Verkehrsmitteln können auch Kinder und Jugendliche nach Bedarf alleine die Erziehungsberatungsstellen aufsuchen. Außerdem kann durch lange Anfahrtswege und schlechte Verkehrsverbindungen die Motivation für eine Beratung gemindert werden.

Ein weiterer Aspekt der Strukturqualität ist die Gebührenfreiheit für die Beratung und Therapie. Nur so kann auch für finanziell schwächeren Familien die Beratung ermöglicht werden. Nach dem §27 KJHG gilt diese Gebührenfreiheit für alle erzieherischen Hilfen.

Die Weltgesundheitsorganisation (WHO) empfahl 1956 für 45.000 Einwohner eine Erziehungsberatungsstelle einzurichten. In einer Beratungsstelle sollten vier bis fünf Mitarbeiter beschäftigt sein, bei dieser Berechnung entfallen 10.000 Einwohner auf eine Fachkraft (vgl. Gerth et al. 1999, S. 37). Die tatsächlichen Zahlen sahen 1999 anders aus. In den neuen Bundesländern entfallen 66.000 Einwohner und in den alten Bundesländern 79.000 Einwohner auf eine Erziehungsberatungsstelle. Bei dieser Berechnung kommen in den neuen Bundesländern 27.000 Einwohner und in den alten Bundesländern 21.000 Einwohner auf eine Fachkraft. Da aber seit den 50er Jahren zum einen die Geburtenrate gesunken ist und sich die durchschnittliche Lebenserwartung erhöht hat, muss eine neue Berechnung durchgeführt werden. Von der 'bke' wird empfohlen, ein Verhältnis von 10.000 Kinder und Jugendliche auf vier Planstellen anzustreben.

Ein multidisziplinäres Team von Psychologen, Diplom Sozialarbeiter oder –pädagogen und eine therapeutische Fachkraft sollte in einer Erziehungsberatungsstelle eingesetzt werden. Jede Person des Teams sollte über eine Zusatzqualifikation verfügen, die sie besonders für die beraterische und therapeutische Arbeit mit Kindern, Jugendlichen und Erwachsenen befähigt (vgl. Hundsalz 1995 S. 195 f.). Dieses Team wird zusätzlich von einer Verwaltungsfachkraft unterstützt.

Um die verschiedenen Anforderungen erfüllen zu können (Diagnostik, Psychoedukation, Beratung, Therapie) wird von der 'bke' empfohlen, mindestens drei der Stellen mit unterschiedlichen Professionen zu besetzen, außerdem eine weitere Fachrichtung (z.B. Arzt, Logopäde, Musiktherapeut etc.) zu integrieren.

Dem nächsten großen Bereich, dem sich die Strukturqualität zuwendet, ist der Bereich der Organisation. Diese wird hier auf das Verhältnis von Träger und Beratungsstelle bezogen (vgl. ebd. S. 40). Dabei wird die Organisation als Grundlage der inhaltlichen Arbeit begriffen, die im Dienst der Fachlichkeit steht (vgl. ebd.). Die Kennziffern lauten hier: „Regelung der Leitungsverantwortung [und] Geregelte Dienst- und Fachaufsicht" (ebd.). Hier werden besonders die Aufgaben der Beratungsstellenleitung definiert, die laut 'bke' schriftlich abzufassen sind. Ferner unterliegen die

Beratungsstellen der Aufsicht des jeweiligen Trägers, der sicherstellen muss, dass die Beratungsstelle ihren Auftrag erfüllt.

Ebenso gehört die Einführung, Etablierung und Auswertung von Qualitätssicherungssystemen zum Qualitätsmanagement in Erziehungsberatungsstellen. Nur wenn dies umgesetzt wird, kann es zu kritischen Reflexionen im Team und ein verbessertes Zusammenspiel mit anderen Einrichtungen führen.

Natürlich gehen die Empfehlungen von der 'bke' auch auf die Vernetzungsaktivitäten und präventiven Angebote ein. Hier wird empfohlen, dass etwa ein Viertel der Arbeitszeit diesem Bereich vorbehalten werden sollte.

Auch die Kooperation mit dem Jugendamt bedarf einiger Vereinbarungen, um die Hilfen sicherstellen zu können. Dazu wird von der 'bke' eine schriftliche Kooperationsvereinbarung zwischen Erziehungsberatungsstelle und Jugendamt angeregt. Hier soll Solidarität der Mitarbeiter untereinander und Transparenz den fachlichen Austausch sicherstellen. Außerdem wird empfohlen, dass die Hilfeplanung der Erziehungsberatungsstelle selbst übertragen wird, wenn keine weiteren Hilfen benötigt werden. Es vereinfache das Verfahren erheblich.

Die letzten Kennziffern im Bereich der Strukturqualität beschäftigen sich noch mit Praktikanten und räumlichen Strukturen. Die 'bke' spricht sich dafür aus, jedes Jahr mindestens einen Praktikanten aufzunehmen. Zu den räumlichen Strukturen gehören zum einen die Trennung der Beratungsstelle von anderen umliegenden Einrichtungen, um den Zugang zu erleichtern und den Schutz des Privatgeheimnisses (§203 Abs.1 Nr. 4 StGB) sicherzustellen. Ferner gehören zu den räumlichen Ausstattungen einer Erziehungsberatungsstelle, dass möglichst jeder Berater ein eigenes Beratungszimmer besitzt, welches eine ansprechende Atmosphäre signalisiert. Außerdem sollten mindestens ein Therapieraum und ein Gruppenraum vorhanden sein. Ein abgegrenzter Warteraum und ein Sekretariat wird darüber hinaus für sinnvoll erachtet.

Insgesamt stehen bei der Strukturqualität notwendige Rahmenbedingungen im Vordergrund. Nun werden Merkmale der Prozessqualität dargestellt.

4.4.2 Prozessqualität

Bei der zweiten Dimension, der Prozessqualität, werden nicht die Arbeitsbedingungen, sondern die Arbeitsprozesse betrachtet.

Da jeder Mitarbeiter seine Arbeit selbständig gestaltet und die volle fachliche Verantwortung für seine Arbeit hat, zeichnet es sich als Qualitätsmerkmal aus, wenn keine Eingriffe von außen in die Arbeit erfolgen müssen (vgl. Gerth et al. 1999, S. 51). Gesichert wird das fachliche Handeln durch Fallbesprechungen im Team und Supervision. Um die Fälle im Team zu besprechen, ist es häufig erforderlich schriftliche Notizen zu den Gesprächen zu machen. Zur Schaffung von Transparenz und Vertrauen ist es nötig, dass die Berater ihre Klienten über die Aktenführung, Teamarbeit und vor allem über die Verschwiegenheit aufklären.

Durch ein multidisziplinäres Team, mit mindestens drei verschiedenen Fachrichtungen, können viele verschiedene Kompetenzen zu dem Einzelfall passend, mobilisiert werden. Auch eine gemeinsame Arbeit von zwei Fachkräften mit einem Klienten ist denkbar und in manchen Fällen sicherlich sinnvoll. Doch hier geht es nicht nur um die Aktivierung der Ressourcen des Teams, sondern es müssen auch die Ressourcen aus dem Umfeld der Kinder aktiviert werden. Diese Ressourcen sind normalerweise die Eltern der Kinder.

Die zentrale Aufgabe der Erziehungsberatungsstelle ist hier die Anleitung und Unterstützung der Eltern. Auch sollte das außerfamiliäre Umfeld (z.B. Schule, Sportverein, Stadtteil etc.) nicht außer Acht gelassen werden, denn auch dieses kann starken Einfluss auf die Entwicklung des Kindes haben. Wenn es nötig ist, Kontakt zu Teilen des sozialen Umfeldes herzustellen, um evtl. Konflikte zu lösen, dann darf das nicht ohne die Zustimmung der Klienten erfolgen. Auch dies sichert die Transparenz und die Vertrauensgrundlage.

Ein weiteres Merkmal von Qualität in Erziehungsberatungsstellen ist die Dokumentation der Arbeit. Es dürfen aber nur Daten erhoben werden, die zur „Erfüllung der jeweiligen Aufgabe der Jugendhilfe notwendig sind" (ebd. S. 59). Zu diesem Bereich gehört vor allem das Führen von Beratungsdokumenten. Hierzu wird von der 'bke' empfohlen für jeden Beratungsfall ein solches Dokument zu führen und darüber auch den Klienten zu informieren. Nicht nur das Führen eines Dokuments, sondern auch die Vernichtung dessen soll thematisiert werden, was normalerweise nach Beendigung der Beratung erfolgt.

Als Maßnahmen für den Qualifikationserhalt werden zum einen zehn Fortbildungstage und zwölf Stunden Fallsupervision pro Jahr pro Mitarbeiter empfohlen. Dies ist notwendig, um den Beratern immer neue Kompetenzen zu vermitteln und besonders die Supervision gibt Möglichkeiten, Situationen und Fälle zu reflektieren und Lösungen zu finden.

4.4.3 Ergebnisqualität

Dies ist der dritte Bereich, der aufgrund des Qualitätsmanagements überprüft werden soll. Ziel ist es hier zu prüfen, ob die Struktur- und Prozessqualität zu dem zu erreichenden Resultat geführt hat. Es müssen sowohl die objektiven fachlichen Standards, aber auch die subjektive 'Kundenzufriedenheit' berücksichtigt werden. Somit soll die Ergebnisqualität, die Effektivität von der Beratung in der Erziehungsberatungsstelle erfasst werden (vgl. ebd. S. 63). Da sich die Erziehungsberatung auf psychotherapeutische Verfahren stützt, erscheint es angebracht, bei der Evaluation auf eben diese Forschung zurückzugreifen. Doch es gibt einige gravierende Unterschiede zur Psychotherapieforschung, daher müssen die Besonderheiten der Erziehungsberatung beachtet werden. Hierzu zählen das breite Spektrum der Anlässe und ein multidisziplinäres Team, welches unterschiedliche methodische Ansätze vereint. Außerdem der familiäre Kontext des Klienten, da meistens nicht nur eine einzelne Person beraten, sondern im ganzen Familiensystem interveniert wird. Auch die sehr kurze Beratungsdauer mit etwa zehn Kontakten unterscheidet sich deutlich vom klassischen psychotherapeutischen Setting.

Aus diesem Grund werden immer neue Konzepte zur Evaluation in der sozialen Arbeit entwickelt. Nach der 'bke' sollten zu der Erfassung von Ergebnisqualität in der Erziehungsberatung diese Faktoren berücksichtigt werden:
- „Zielerreichung
- Zufriedenheit und
- statistische Aufbereitung der Arbeit" (ebd. S. 65).

Der Faktor 'Zielerreichung' ist dann erreicht, wenn sich durch die Beratung Veränderungen ergeben haben, oder Probleme nicht mehr bestehen. Doch es können sich auch die Anlässe während der Beratung verändern. Ferner kann die Erziehungsberatung nicht jedes Problem beseitigen. Daher ist es manchmal schwierig, den objektiven Erfolg der Beratung als Problemveränderung zu erfassen. Nur wenn die Ziele der Beratung eindeutig festgelegt wurden, kann der Erfolg der Beratung in Form von Zielerreichung gemessen werden. Doch besonders bei Multiproblemfamilien ist es nicht immer möglich, Ziele schon zu Anfang zu definieren. Außerdem kann es vorkommen, dass sich die Ziele während der Beratung noch verändern. Je mehr Personen an der Beratung beteiligt sind, umso mehr verschiedene Meinungen vom Erfolg oder Nichterfolg wird man erheben können. Daher wird von der 'bke' empfohlen, „die Zielerreichung [...] bei den unterschiedlichen Beteiligten zu erheben" (ebd. S. 66). Dabei erscheint es sinnvoll die Selbstauskunft der Betroffenen, aber auch die Einschätzung des Beraters einzuholen. Das Problem scheint hier, dass die Berater so ihre eigene Arbeit evaluieren, aber Naumann und Beck (1994) zeigten, dass diese ihre Arbeit oftmals kritischer einschätzen, als die Klienten selbst (vgl. S. 264).

Da die Klienten als verantwortliche und handlungsfähige Personen begriffen werden, ist ihre Zufriedenheit derer ein wichtiger Aspekt im Qualitätsmanagement. Die Hilfen sollen deshalb nicht vom Berater angeordnet, sondern zusammen mit dem Klienten entwickelt werden. Dies hat zur Folge, dass die Klienten ihre eigenen Wünsche und Sichtweisen einbringen können und dies die anschließende Umsetzung erleichtert. Hiermit wird die Zufriedenheit des Klienten, anlehnend an die Dienstleistungsorientierung, zum zweiten wichtigen Faktor. Nitsch (1999) konnte in seinen Untersuchungen zeigen, dass die Zufriedenheit mit der Beratung größer als die eingetretene Zielerreichung ist (vgl. S. 213). Es wird deutlich, dass Zufriedenheit nicht nur das Ergebnis umfasst, „sondern das Resultat und sein Werden. Sie bezieht mithin in den Prozess der Leistungserbringung – die Beratung selbst – mit ein" (Gerth et al. 1999, S. 67).

Da die Ratsuchenden nicht nur als Kunden, sondern als „Ko-Produzent von Beratung" (ebd.) begriffen werden, ist es unumgänglich, sowohl die Eltern als auch die Kinder in der Evaluation zu erfassen. Weitere Teilaspekte sind die Zufriedenheit der Mitarbeiter und auch der Kooperationspartner. Im Sinne des Dienstleistungskonzepts, in dem auch Mitarbeiter als interne Kunden begriffen werden, ist es wichtig auch sie zufrieden zustellen. Denn nur wer zufrieden mit seinen Arbeitsbedingungen ist, ist auch motiviert hochwertige Arbeitsleistungen zu erbringen. Nach Glaap (1996) der sich mit der ISO 9000 befasst hat, stellt die „aus fachlicher Sicht gebotene Unabhängigkeit in der Arbeit mit Klienten [stellt] sich in der Perspektive der Qualitätsdiskussion als notwendiger Freiraum für eigenverantwortliches Handeln dar" (S. 78).

Die Zufriedenheit der Kooperationspartner sollte durch offene Rückmeldungen erfolgen. Dies wird von der 'bke' ausdrücklich empfohlen, da es wichtig ist, die Erziehungsberatung mit anderen Diensten in Beziehung zu setzen.

Der dritte und letzte Faktor der Ergebnisqualität ist die statistische Aufbereitung der Arbeit. Von der 'bke' werden folgende Kennziffern empfohlen:

- „Zahl der Anmeldungen pro Planstelle und Jahr
- Zahl der beendeten Beratungen pro Planstelle [...] und Jahr
- Dauer der Beratungen (in Monaten)
- Kontakthäufigkeit der Beratungen
- Art der Beendigung von Beratungen [...]
- Anzahl und Darstellung der einzelfallübergreifenden Leistungen unter Berücksichtigung der unter Struktur- und Prozessqualität beschrieben Kennziffern" (Gerth et al. 1999, S. 70).

Zu diesen Kennziffern werden von der 'bke' keine konkreten Zahlen vorgeschlagen, denn es soll hiermit eine Reflexion im Team der Erziehungsberatungsstelle ermöglicht werden.

Die Anmeldezahlen, die in den letzten Jahren deutlich angestiegen sind, können auch Aufschluss über die Gründe einer Inanspruchnahme geben, indem die Lebensbereiche der Ratsuchenden betrachtet werden. Ferner ist durch diese Erhebung möglich, die Stärken der Kooperation zu anderen Einrichtungen herauszustellen.

Außerdem wird von der 'bke' empfohlen, die Anzahl der Beratungen pro Planstelle zu erfassen, um sie dann im Team auszuwerten (vgl. Gerth et al. 1999, s. 73). Dies kann zeigen, welche Interventionsmaßnahmen besonders zeitaufwendig sind und ob auch nicht die Präventionsangebote zu kurz kommen.

Die Erziehungsberatung ist eher als kurzfristige Hilfe angesetzt. Daher dauern die Beratungen im Durchschnitt nicht länger als ein halbes Jahr, meistens nicht länger als drei Monate. Ebenso wie die Kontakthäufigkeiten der Beratungen, soll die Dauer der Beratungen im Team differenziert ausgewertet werden.

Auch die Art der Beendigung von Beratung soll erfasst und im Team ausgewertet werden. Dabei können sich die Beratungsstellen auf Daten der Bundesstatistik stützen, die zwischen einer einvernehmlichen Beendung, einem Abbruch und einer Weitervermittlung unterscheiden. Diesen Daten ist zu entnehmen, dass über 70% der Beratungen einvernehmlich abgeschlossen wurden. Aber auch ein Abbruch der Beratung sagt zwangsläufig noch nichts darüber aus, ob die Klienten zufrieden waren oder nicht. Hundsalz (1995) beschreibt, dass auch Klienten, die die Beratung abgebrochen haben, mit der Beratung zufrieden waren, sie diese aber nicht mehr als notwenig ansehen (vgl. 239). Aber auch die Weiterverweisung eines Klienten kann Aufschluss über die Kooperationsmöglichkeiten geben. Dennoch sollte kritisch hinterfragt werden, wenn eine Weiterverweisung immer Personen mit ähnlichen Merkmalen (z.B. Ausländer etc.) betrifft. Dann wäre es hilfreich, darüber nachzudenken, welche Kompetenzen noch benötigt werden, um diese zu erreichen.

Abschließend schlägt die 'bke' vor, Qualitätszirkel zu initiieren. Denn in diesen findet die eigentliche Qualitätsarbeit statt (vgl. Gerth et al. 1999, S. 79). In diesen können Probleme auf strukturierter Art bearbeitet werden und Erfahrungen der Mitarbeiter können einfließen.

„Die Qualitätszirkel analysieren das von ihnen ausgewählte Problem, suchen Schwachstellen, die systematisch zum Problem beitragen, und entwickeln Lösungsmöglichkeiten" (ebd.).

Betrachtet man, das gesamte Konzept des Qualitätsmanagements in Erziehungsberatungsstellen, so ist schnell feststellbar, dass die einzelnen Ergebnisse in Beziehung zu den anderen Kennziffern gesetzt werden müssen. Außerdem muss eine Beziehung zum Auftrag der Einrichtungen und dem Bedarf der Ratsuchenden erfolgen. Gerth et al. (1999) stellen dar, dass dieses Instrument den Erziehungsberatungsstellen helfen soll, ihre Arbeit im Hinblick auf Erreichung der Ziele, Veränderungen und Verbesserungen zu reflektieren und eine kontinuierliche Weiterentwicklung zu ermöglichen (vgl. S. 80).

Der Besuch einer Erziehungsberatungsstellen, ist für Eltern nicht die einzige Möglichkeit, sich Hilfe bei der Erziehung zu holen. Deshalb werde ich mich nun mit den Elterntrainings beschäftigen. Zuvor folgt ein kurzer Exkurs zum Professionalisierungsproblem der Diplom Pädagogen.

5. Exkurs: Professionalisierungsproblem der Diplom-Pädagogen

Um dieses auch heute noch bestehende Professionalisierungsproblem deutlich zu machen, beschreibe ich kurz die Entstehung des Diplomstudienganges.

Schon in der ersten Phase, der Etablierung des Studiums der Erziehungswissenschaft, warnte Thiersch (1976) vor „überfüllten Studiengängen, [...] des beschränkten Arbeitsmarktes und – nicht zuletzt – angesichts der Tatsache, daß dieser beschränkte Arbeitsmarkt in der nächsten Zeit ungewöhnlich viele Studienabsolventen wird aufnehmen müssen, [...] unvermeidlich, für die nächsten Jahre vor dem Diplomstudiengang der Erziehungswissenschaft" (Thiersch 1976 S. 14).

Doch parallel liefen ab dem Jahr 1974 Untersuchungen zu dem Bedarf an pädagogischen Fachkräften und möglichen Arbeitsfeldern. Mitte der siebziger Jahre begann die zweite Phase, als die ersten Studenten ihren Abschluss machten (vgl. Lüders 1989, S. 24). Die Diskussionen wurden zum größten Teil auf die beruflichen Situationen der Diplom-Pädagogen gestützt. Zuerst um den Bedarf dieser zu rechtfertigen und später um die Erfahrungen auf dem Arbeitsmarkt zu dokumentieren. Ständig gab es Zweifel an den Berufsperspektiven, Inhalten und Zielen des Studiums (vgl. ebd. S. 26). Thiersch (1985), der sich stets kritisch zu dem neuen Studium verhielt, bemerkte, „ob und inwieweit Ziele des Diplomstudiums sich in der Praxis durchsetzen und als brauchbar bestätigt haben" (S. 480 ff.), dazu fehlen begründete Arbeiten.

Eine 1969 formulierte Rahmenordnung für den Diplomstudiengang erfüllte den formalen Rahmen der Professionalisierung. Schon früh wurde von einer „diffusen Allzuständigkeit" (Bohle / Grunow 1981 zit. n. Lüders 1989, S. 80) der Diplom-Pädagogen gesprochen. Nicht zuletzt, da das Handlungsfeld für diese Berufsgruppe teilweise erst geschaffen und etabliert werden musste. Das bedeutet, dass es noch keine Praxis in diesem Bereich gab, denn diese sollte durch die Etablierung des Studiums erst geschaffen werden (vgl. Lüders 1989, S. 80). Doch welche Berufe sollten durch Diplom-Pädagogen besetzt werden?

Hierzu äußerte sich Prof. Dr. Furck (1968), der Vorsitzende des Fachausschusses für die Diplomprüfungsordnung der Pädagogik, indem er die 'Stabstellen' des öffentlichen Dienstes mit Diplom-Pädagogen besetzen will. Zu erklären ist das mit der angestrebten Verstaatlichung der sozialen Dienstleistungen (vgl. ebd. S. 93). Gleichzeitig sollte dieser Studiengang aber auch als Anregung für die Schaffung neuer Stellen dienen. Es wurde ein Katalog herausgebracht, in dem potenzielle Bereiche aufgelistet waren. Dieser unterteilte sich in Bereiche und Funktionen:
Zu den Bereichen zählen die „Erziehungs- und Bildungsarbeit, der Bereich der fürsorgerischen Therapie und die Sozialadministration" (ebd. S. 102). Zu den Funktionen gehören die „Leitungsfunktion, Supervision, Spezialisten im praktischen Feld, Dozenten an Fachhochschulen, Akademien und Hochschulen und Sozial Work Research" (ebd.). Deutlich wird bei diesem Katalog, dass er sich zu einem großen Teil auf die Studienrichtung der Sozialpädagogik stützt. Außerdem sollen die Diplom-Pädagogen vor allem auf Leitungsfunktionen vorbereitet werden und sich zu Supervisoren weiter qualifizieren. Fraglich ist, warum dies so angestrebt wurde, da dieser Bereich bereits von Psychologen abgedeckt wurde. Die Antwort darauf gibt Nieke (1978), der diese Qualifikation nur dann legitim findet, „wenn aufgrund der spezifischen Qualifikationsmöglichkeiten des Diplom-Pädagogen die Aussicht besteht, dass er anders und besser in der Lage ist, Hilfen für die Bewältigung der praktischen Probleme zu entwickeln [...]" (zit. n. Lüders 1989, S. 104).

Erst in den siebziger Jahren stellt sich aufgrund von Untersuchungen heraus, dass das es in früherer Zeit kaum empirische Befunde zur Nachfrage dieser Berufsgruppe gegeben hat und dass die Nachfrage nach dieser Profession nicht so hoch wie gehofft war (vgl. ebd. S. 96). Dennoch wurde in der Folgezeit immer klarer, dass „wissenschaftlich ausgebildete Experten" (Furck 1968 zit. n. Lüders 1989, S. 99) in der Erziehungswissenschaft fehlen. Dieser Mangel sollte durch dieses Studium ausgeglichen werden. Durch diese Verwissenschaftlichung sollte zum einen das öffentliche Ansehen gesteigert werden, und man versprach sich davon, dass so die pädagogischen Aufgaben rationeller und effizienter gelöst werden könnten (vgl. S. 134).

EXKURS

Meiner Meinung nach wird durch diese kurze geschichtliche Entwicklung des Diplomstudienganges deutlich, warum es immer noch Professionalisierungsprobleme dieser Fachrichtung gibt. Ich denke, dass die Diplom-Pädagogen es schon sehr früh versäumt haben, sich von anderen Professionen, wie z.B. der Psychologie abzugrenzen. Dies hat zur Folge, dass es kein klares Arbeitsfeld für Diplom-Pädagogen gibt, aber auch noch nie gab. Auch in der Literatur verschwimmen immer wieder die Grenzen, auch zur Sozialpädagogik, sodass es schwierig ist, ein klares Bild zu erstellen. Auch der Katalog der möglichen Arbeiten, der vom Fachausschuss der Diplomprüfungsordnung im Jahr 1968 herausgegeben wurde, trägt zu der unklaren Grenzziehung erheblich bei. Dort wurden den Diplom-Pädagogen sogar eigentlich psychologische Arbeitsbereiche empfohlen.

Wichtig für Diplom-Pädagogen finde ich es, dass sie es schaffen, neue Grenzen ihrer Profession zu erschließen und nicht ihre eigene Disziplin vergessen. Denn sonst müssen sie sich ständig an anderen Richtungen orientieren und die eigentliche pädagogische Arbeit kommt zu kurz. Das soll nicht bedeuten, dass ich es nicht auch für wichtig finde, dass sich Diplom-Pädagogen weiter qualifizieren und weiterbilden.

6. Warum Elterntraining?

Die Herausforderungen für Eltern wachsen momentan enorm. Viele Eltern sind zusätzlich zu ihrer Erziehungsverantwortung durch unsichere Beschäftigungsverhältnisse, höhere Armutsrisiken - vor allem bei kinderreichen Familien und Alleinerziehenden - belastet. Doch auch weniger belastete Familien setzen sich immer mehr mit ihrer Erziehungskompetenz auseinander. Nicht zuletzt durch das starke Interesse der Medien an dem Thema Elternbildung, findet es zurzeit wieder stärker Einzug in die Gesellschaft. Selbst das sehr umstrittene und problematische Medienformat der 'Super-Nanny' findet bei den Zuschauern großen Anklang, vielleicht, weil es wenigstens ein Kriterium der Elternbildung, dass der Niedrigschwelligkeit erfüllt. In diesem Kontext wird immer wieder die Frage nach 'guter' und 'schlechter' Erziehung gestellt.

Schneewind (1999) beschreibt gute Erziehung so: „kompetente Eltern haben auch kompetente Kinder" (S. 139). Tschöpe-Scheffler (2005) benennt vier Basiskompetenzen, die Eltern benötigen, um Kinder entwicklungsfördernd erziehen zu können: „Wissen, Handeln, Selbsterfahrung und Selbsterziehung, Aufbau und Nutzung von Netzwerken" (S. 286).

Basis für die Kindererziehung ist, dass Eltern über die Entwicklungsphasen und Bedürfnisse ihrer Kinder Bescheid wissen. Um Handlungsoptionen zu haben, brauchen Eltern die Möglichkeit zu üben und zu erproben. Nur so können sie neue und andere Formen des Zusammenlebens entwickeln (vgl. ebd.).

Doch es reicht nicht aus, Informationen zu haben und sich kritisch mit etwas auseinander zusetzen, der „Transfer in den Alltag" (ebd.) gelingt meistens nur, wenn die Eltern dabei unterstützt und begleitet werden. Dabei sollen die Eltern durch Selbsterfahrung eigene Erziehungsfragen klären können. Wichtig ist hier, dass Eltern nicht anhand eines festen Programms Erziehungskompetenzen oder Informationen aufgedrängt werden. Dennoch gibt es einige Forschungsbelege, die besagen, dass Eltern zum größten Teil so erziehen, wie sie selbst erzogen worden sind, oder aus Trotz ganz bewusst genau das Gegenteil tun.

In Elternkursen kann dieses Erziehungsverhalten durch anleitende Gespräche, reflektiert werden, so dass Eltern mehr Verständnis für ihr Verhalten und das der Kinder erlangen. „Sie erkennen, dass Probleme, die sie als Erwachsene haben, Auswirkungen auf die Beziehung zu den Kindern haben können" (ebd. S. 287).

Sehr hilfreich und nahezu unerlässlich für Familien sind gut funktionierende Netzwerke. Dies kann durch die Mitarbeit von Eltern in Kindertagesstätten oder Schulen, Elternselbsthilfegruppen, Elternberatung, Elternkurse oder Nachbarschaftsunterstützung gewährleistet sein. Diese sollten prozessbegleitend und ressourcenorientiert angelegt sein.

Gerade bei Kinder in den ersten Lebensjahren werden die Grundlagen der Persönlichkeitsentwicklung gelegt. Deshalb haben „das Erziehungsverhalten und Interaktion der Familienmitglieder untereinander [haben] wesentliche Wirkungen auf die psychosoziale Entwicklung des Kindes" (Hurrelmann et al. 2005, S. 4).

Um Kinder selbst- und verantwortungsbewusst zu erziehen benötigen Eltern eben diese Kompetenzen, die sie meist auch erst erlernen müssen. Hingegen es gibt einige Faktoren, die zu kindlichem Problemverhalten führen. Dies sind vor allem aggressives Erziehungsverhalten und inkonsistente Disziplin (Lösel et al. 2005, S. 203).

Aus der Bindungsforschung ist bekannt, dass eine wichtige Vorraussetzung zur Entwicklung von Bindungsfähigkeit und angemessenem Sozialverhalten einen oder mehrere stabile Bindungspartner erfordert. Entsteht nur eine ungenügende und instabile Bindung, so sind häufig Angst und depressive Störungen die Folge (vgl. Hurrelmann 2005, S. 6).

Auch die Wahl des Erziehungsstils hat Folgen auf die Entwicklung des Kindes. Nur ein demokratischer Erziehungsstil kann als Vorraussetzung für eine starke und verantwortungsbewusste Persönlichkeit angesehen werden. Kinder, die diesen Erziehungsstil erfahren, sind in der Lage, „Selbstbewusstsein, Selbstregulation und Autonomie aufzubauen" (Tschöpe-Scheffler 2005, S. 283).

Ein antiautoritärer, permissiver oder autoritärer Erziehungsstil wirkt sich eher entwicklungshemmend aus. Bei dieser Erziehung kann das Kind keine Selbstregulierungskraft entwickeln, da es entweder gar nicht oder zu stark kontrolliert wird.

Ein weiteres großes Feld, das zur Entwicklung des Kindes beiträgt, besteht aus den Risiko- und Schutzfunktionen. Um zu verstehen, welche Inhalte in den Elterntrainings vorkommen müssen, sollten die familiären, individuellen und gesellschaftlichen Schutz- und Risikofaktoren näher erläutert werden. Nach Hurrelmann et al. (2005), bestehen die familiären Risikofaktoren aus familiärer Gewalt, inkonsistentem oder bestrafendem Erziehungsverhalten, psychische Störungen der Eltern, geringer sozioökonomischer Status etc. (vgl. S. 7). Familiäre Schutzfaktoren hingegen zeichnen sich durch elterliche Wärme und Interesse am Kind, eine stabile Eltern-Kind-Beziehung und soziale Unterstützung etc. aus. Zu den individuellen Risikofaktoren gehören sowohl genetische Einflüsse, als auch eingeschränkte Bewältigungskompetenz. Die individuellen Schutzfaktoren sind aus Eigenschaften des Kindes und „Resilienzfaktoren" (ebd. S. 7) zusammengesetzt. Das Konzept der Resilienz beschreibt die Fähigkeit eines Kindes mit belastenden Lebensumständen umzugehen und dabei Bewältigungskompetenzen zu entwickeln. (vgl. Fuhrer 2005, S. 330). Hier wird deutlich, dass auch das Kind bei seiner Entwicklung einen eigenen Anteil hat. Feststellbar ist, dass das Kind einen erheblichen Einfluss auf das Erziehungsverhalten der Eltern hat und somit das gestaltende, initiative und handelnde Kind ebenso im Forschungsmittelpunkt stehen muss (vgl. Tschöpe-Scheffler 2005, S. 283).

Um Kinder trotz dieser hohen Belastung kompetent zu erziehen, werden Eltern unterschiedliche Unterstützungen angeboten. Diese Angebote sind nicht neu, sie haben eine klassische Tradition. Zu nennen sind da 'Mütterschulen' und Elternselbsthilfegruppen. Ein wichtiger Teil dieser Elternbildung wird durch Elterntrainings abgedeckt. Hier bekommen die Eltern meistens in Form von Gruppenprogrammen die Möglichkeit, sich über die Grundlagen der Erziehung zu informieren. Weitere Schwerpunke sind der Umgang mit Verhaltensproblemen, Grenzensetzen und elterliche Kompetenzen. Die Elterntrainings sind ressourcen- und nicht defizitorientiert, da die vorhandenen Kompetenzen gefördert und gestärkt werden sollen.

In den nächsten Kapiteln werde ich mich ausführlich mit den drei gängigsten Elterntrainings in Deutschland befassen: Triple P, STEP und 'Starke Eltern – Starke Kinder'.

6.1 Triple P – Elterntraining

Entwickelt wurde das Triple P (Positive Parenting Program)® in Brisbane, Australien von Matthew Sanders und seiner Arbeitsgruppe an der Universität Queensland. Das Programm wurde unter der Leitung von Prof. Dr. Kurt Hahlweg (TU Braunschweig) ins Deutsche adaptiert, wobei das Klientel ein anderes geworden ist. In der ursprünglichen australischen Version wurde das Programm ausschließlich bei stark verhaltensauffälligen Kindern mit medizinischer Indikation eingesetzt. In der Version, die den deutschen Verhältnissen angepasst wurde, bietet es als präventives Programm Eltern Unterstützung bei der Erziehung an. Es bietet Eltern unter Berücksichtigung ihrer Ressourcen und Stärken an, positive Erziehungskompetenzen zu internalisieren. Es soll Eltern helfen eine liebevolle und fördernde Beziehung zu ihren Kindern aufbauen zu können. Hierbei geht es besonders um eine nicht verletzende, gewaltfreie Erziehung geht, die den Kindern die Möglichkeit gibt, sich gesund zu entwickeln und alterspezifische Anforderungen zu meistern. Eine der „wichtigsten Grundlagen sind liebevolle Zuwendung und eine angemessene Kommunikation in der Familie" (Dirscherl, Obermann und Kahlweg 2005, S. 52).

Kinder, die eine positive Erziehung genießen, können „ein positives Selbstbild aufbauen, ihre Fähigkeiten entwickeln und selbständig werden" (Bahnmüller 2004, S. 20). Außerdem sollen dadurch das Selbstwertgefühl, die Fähigkeit Gefühle auszudrücken und die Kompetenzen der Kinder gesteigert werden, so dass sich die Wahrscheinlichkeit verringert, Verhaltensauffälligkeiten zu entwickeln (vgl. Bahnmüller / Wulfen 2004, S. 22).

Besonders gut passt Triple P zu den Eltern, die ihr Verhalten und ihre Erziehungskompetenzen für ihre Kinder verbessern möchten oder sich sicherer in der Kindererziehung fühlen möchten. Dieses Erziehungsprogramm orientiert sich im Umfang nach den Bedürfnissen der Eltern, d.h. es gibt verschiedene Ebenen, wo es ansetzt.

6.1.1 Ziele des Programms

Die australische Arbeitsgruppe von M. Sanders am 'Parenting and Family Support Center' hat sich überwiegend „mit der Therapie kindlicher Verhaltensauffälligkeiten, Störungen des Familiensystems bis hin zur Therapie von Erkrankungen der Mütter wie Depressionen u. ä. befasst" (Tschöpe-Scheffler 2003, S. 129). Das adaptierte deutsche Programm benutzt zum Teil dieselben Methoden, die Sanders in Australien für stark verhaltensauffällige Kinder benutzt. Dennoch geht es in diesem Programm um die Vermittlung von Methoden und Verhaltensweisen, um eine positivere Erziehung zu fördern und möglichst Verhaltensauffälligkeiten entgegen zu wirken.

Im Folgenden stelle ich kurz die Ziele des Programms vor (vgl. Dirschl 2005, S. 52):
- es soll die kindliche Entwicklung, die Gesundheit und die sozialen Kompetenzen fördern und kindliche Verhaltensprobleme vorbeugen bzw. reduzieren;
- eine gute Eltern-Kind-Beziehung soll gefördert werden, um die Unabhängigkeit und das Wohlergehen in der Familie zu steigern;
- der Umgang mit Kinder soll konstruktiv und nicht verletzend sein;
- ungünstiges Erziehungsverhalten soll durch positives ersetzt werden;
- Erziehungskompetenz soll erweitert werden;
- Missbrauch und Gewalt gegenüber Kindern soll vorgebeugt werden;
- Erziehungsbedingter Stress soll reduziert werden zur Steigerung der familiären Zufriedenheit;
- es sollen individuelle und flexible Möglichkeiten der Unterstützung geschaffen werden.

6.1.2 Gliederung in Ebenen

Zu dem Zweck der individuellen und flexiblen Unterstützung gibt es bei Triple P aufeinander abgestimmte Ebenen, da nicht alle Eltern in allen Bereichen Defizite haben.
Diese Ebenen schließen sich an die Wünsche, Bedürfnisse und Ressourcen der Eltern an. Deshalb gibt es bei Triple P fünf Ebenen mit steigender Unterstützung:

Ebene 1: Universelle Informationen
In dieser Ebene geht es vor allem darum, Eltern über die positive Erziehung zu informieren. Hierbei geht es um die Unterstützung der Eltern, zu einer normalen Erziehung zu finden. Zur Information über positive Erziehung gibt es verschiedene Medien, wie z.b. die Broschüre „Positive Erziehung", Informationsblätter und ein Video für Eltern. Für die sogenannten bildungsgewohnten Eltern reicht diese Ebene der Intervention meistens schon aus, besonders dann, wenn sie gewohnt sind, Gelesenes ohne weitere Unterstützung umzusetzen.

Ebene 2: Kurzberatung
In dieser Stufe erhalten Eltern kurze Einzelberatungen, die nicht länger als 15 Minuten sein sollen, durch Angehörige verschiedener Berufsgruppen, die in Erziehungsfragen oft erste Ansprechpartner sind, wie z.B. Kinderärzte, Erzieher, Hebammen oder Lehrer.

Ebene 3: Kurzberatung und Übung
Diese Ebene kann im Vergleich zur Ebene 2 als „intensivere, selektive Präventionsstrategie" (Hahlweg 2001, S. 13) begriffen werden. Hier handelt es sich um vier Sitzungen, in denen Eltern nicht nur informiert werden, sondern Möglichkeiten zum Üben erhalten, in dem Erziehungsstrategien in Rollenspielen eingeübt werden.

Ebene 4: Elterntraining
Diese Ebene ist besonders für Eltern konzipiert, die ausgeprägte Schwierigkeiten in der Erziehung ihrer Kinder haben und deren Kinder Verhaltensauffälligkeiten ausbilden oder ausgebildet haben. Dieses Elterntraining kann in drei unterschiedlichen Formen erfolgen. Zum einen als

Gruppenkurs mit maximal sechs Familien, zum anderen als Einzeltraining oder als Selbstlernprogramm mit Hilfe des Elternarbeitsbuches von zu Hause aus. Der Aufbau des Elternkurses wird im nächsten Kapitel näher beschrieben.

Ebene 5: Erweiterte Intervention
Die erweiterte Intervention ist besonders für Eltern entwickelt worden, die auch nach der vierten Ebene noch Schwierigkeiten mit Verhaltensauffälligkeiten ihrer Kinder haben und für Familien mit Ehekonflikten, Drogenmissbrauch etc, die zusätzlich das Familienleben erschweren.

6.1.3 Wirkungsweise von Triple P

> Grundlage aller Erziehung ist eine gute Beziehung zwischen Eltern und Kindern. Die ersten drei Erziehungsfertigkeiten sollen deshalb helfen eine gute Beziehung mit respektvollem und liebevollem Umgang fördern. Bei dem Erlernen neuer Verhaltensweisen erscheint es wichtig, dass die Eltern auch wieder die positiven Seiten ihrer Kinder wahrnehmen können und nicht nur das Negative sehen, weil dies momentan überwiegt.

Durch scheinbar sehr einfache Methoden, wie z.B. dem beschreibenden Lob, scheint sich schon einiges bewirken zu lassen, so dass sich die Stimmung in der Familie erheblich verbessert und die Eltern wieder positiver zu ihren Kindern stehen. Sollten diese Methoden nicht greifen, schlägt Triple P weitere Erziehungsfertigkeiten vor, wie Eltern mit dem aggressiven Verhalten ihrer Kinder umgehen können. Hier werden dann in einem Familiengespräch Familienregeln aufgestellt. Am Ende des „Kontinuums von Erziehungsfertigkeiten" (Dirschl et al. 2005, S. 55) befindet sich der 'Stille Stuhl' und die 'Auszeit'. Diese beiden Methoden werden als deeskalierende Hilfen eingesetzt und funktionieren nur, wenn das Kind bereits mit den Regeln dieser Methoden vertraut gemacht wurde und eine positive Beziehung zwischen Eltern und Kind besteht. Im Unterschied zu Strafe, die oft mit Demütigung und Schmerz verbunden ist, soll die Auszeit den Kindern nur die Aufmerksamkeit für ihr unangemessenes Verhalten entziehen. Dadurch sollen die Kinder lernen, mit Gefühlen wie

Wut und Ärger angemessen umzugehen. Die wichtigste Regel lautet: „Ohne positive 'time in' macht 'time out' keinen Sinn" (Dirschl et al. 2005, S. 56). Hier wird noch mal deutlich, warum Triple P als positives Erziehungsprogramm bezeichnet wird, denn es geht hier um ein harmonisches Miteinander und nicht um Bestrafung.

6.1.4 Aufbau des Programms

Ein Triple P Elternkurs ist in vier zweistündige Gruppentreffen und vier individuelle Telefonkontakte aufgeteilt. Es können auch andere Formate angeboten werden, wie z.B. zwei Samstage an den je zwei Sitzungen durchgeführt werden.

In der ersten Sitzung geht es um die Grundsätze positiver Erziehung. Kurze Videosequenzen wechseln sich mit theoretischem Input und kurzen Diskussionen um die Themen ab. Zu Beginn soll herausgestellt werden, was positive Erziehung alles beinhaltet. Das Ziel der positiven Erziehung ist die Förderung der kindlichen Entwicklung „in einer konstruktiven und nicht verletzenden Weise" (Sanders 2003, S. 1), d.h. hier geht es um Zuwendung und um eine auf das Alter des Kindes gerichtete Kommunikation. Die Theorie ist, dass diese Kinder ein positives Selbstbild aufbauen und dadurch die Wahrscheinlichkeit sinkt, Verhaltensauffälligkeiten zu entwickeln.

Triple P beschreibt fünf Regeln, die als Grundlage für positive Erziehung fungieren:

- *Für eine sichere und interessante Umwelt muss gesorgt werden.*
  Eine sichere Umgebung bedeutet, dass Eltern nicht ständig „Nein" sagen müssen, weil sie befürchten, den Kindern könnte etwas zustoßen, oder sie könnten etwas zerstören. Das hat zur Folge, dass die Eltern gelassener sein können. Auch sollte die Umgebung interessant gestaltet werden, so dass Kinder viele Möglichkeiten zum Entdecken und Ausprobieren haben, dies fördert dann auch die Selbstbeschäfti-

gung und wird die Sprachentwicklung und geistige Entwicklung anregen.

- *Eine positive und anregende Atmosphäre soll geschaffen werden.*
„Eltern müssen für ihre Kinder da sein" (ebd.). Dies bedeutet, dass Eltern immer dann da sein müssen, wenn Kinder Unterstützung und Aufmerksamkeit brauchen. Immer wenn sich ein Kind an seine Eltern wendet, sollten diese ihre Beschäftigung unterbrechen und sich für kurze Zeit mit dem Kind beschäftigen. In dem die Eltern, ihre Kinder ermutigen, werden sie unterstützt, etwas Neues zu lernen. In dem Kinder angeregt und bestärkt werden, lernen sie auch, dass die Welt ein sicherer und berechenbarer Ort ist.

- *Eltern sollen sich konsequent und konstant verhalten.*
Nur bei einer konsequenten Erziehung lernen Kinder, die Verantwortung für ihr Handeln zu übernehmen, andere Bedürfnisse zu erkennen und Selbstdisziplin zu entwickeln. In der Praxis bedeutet das, dass Eltern sofort und jedes Mal auf unangemessenes Verhalten des Kindes reagieren, um ihm gleichzeitig angemessenes Verhalten zu vermitteln.

- *Eltern sollen nicht zu viel erwarten.*
Jedes Kind entwickelt sich anders, deshalb sollten Eltern ihre Kinder nicht mit anderen vergleichen. Kinder müssen einen bestimmten Entwicklungsstand haben, bevor sie neue Dinge erlernen können. Wenn Eltern aber von ihren Kindern zu viel erwarten, oder auch von sich selbst, führt dieses schnell zu Enttäuschungen und Frustrationen.

- *Eltern sollen auch ihre eigenen Bedürfnisse beachten*
  Nur wenn Eltern auch ihre eigenen Bedürfnisse erfüllen und sich nicht zu „Sklaven" der Kinder machen, können sie viel ausgeglichener und ruhiger mit ihnen umgehen.

Ebenfalls in der ersten Sitzung wird sich mit den Ursachen von Verhaltensproblemen beschäftigt, d.h. den Eltern werden mehrere Ursachen aufgezeigt, warum ein Kind Verhaltensprobleme zeigen könnte. Eine Ursache könnten die genetischen Anlagen sein, da auch Verhaltensmuster und emotionale Eigenschaften vererbt werden können. Eine weitere Ursache, die aufgezeigt wird, ist das familiäre Umfeld. In diesem teilweise sehr großen Interaktionsnetz kann es verschiedene Faktoren geben, wie zufällige Belohnung von unerwünschtem Verhalten, aber auch das Ignorieren von wünschenswertem Verhalten. Hier lernen Kinder, dass man nur beachtet wird, wenn man sich nicht regelkonform verhält.

Ein weiterer wichtiger Punkt ist das Modell-Lernen. Den Eltern wird deutlich gemacht, dass Kinder von ihren Vorbildern, aber auch von anderen Kindern lernen können und dies sowohl bei positiven aber auch bei negativen Dingen der Fall sein kann (schreien, schlagen, Schimpfwörter benutzen). Allerdings können zu viele oder zu wenige, zu ungenaue und zu harte Anweisungen, die zur falschen Zeit gegeben werden, ebenfalls Verhaltensprobleme mit sich führen. Auch emotionale Mitteilungen, bei denen das Kind als Person kritisiert wird, können dazu führen, dass das Selbstwertgefühl des Kindes leidet, dies kann zu einem negativen Selbstbild führen.

Aber auch ein ungünstiger Gebrauch von Strafe, die nur angedroht, aber nicht ausgeführt oder inkonsequent gehandhabt wird, führt dazu, dass Kinder diese Androhungen nicht mehr ernst nehmen, dies als Herausforderung ansehen oder in ständige Verhaltensunsicherheit geraten.
Auch Freunde, die Schule und die Medien stellen als das gesellschaftliche Umfeld einige Ursachen für Verhaltensprobleme dar. Besonders wenn viele Faktoren miteinander kumulieren, ist das Risiko für Kinder eine Verhaltensproblematik aufzubauen, besonders hoch (vgl. Sanders 2003, S. 2ff.).

Im Triple P – Programm werden grundlegende Erziehungsfertigkeiten zur Förderung der kindlichen Entwicklung sehr detailliert dargestellt. Hierbei geht es besonders darum, wie Eltern eine positive Beziehung zu ihrem Kind entwickeln.

Eltern sollen im Alltag regelmäßig Zeit mit ihrem Kind verbringen. Dabei kommt es nicht auf die Länge an, sondern wichtiger ist die Regelmäßigkeit und das Signal an die Kinder: „Du bist mir wichtig". Gespräche mit dem Kind dienen der Sprachförderung und gleichzeitig fördern sie die Selbstachtung des Kindes. Um eine feste und sichere Bindung zu den Eltern zu entwickeln, sollten Eltern ihrem Kind körperliche Zuneigung geben, indem sie mit ihren Kindern schmusen, toben, küssen, kitzeln und sie umarmen.

Neben der positiven Beziehungsgestaltung sollen Eltern auch angemessenes Verhalten fördern. Im Sinne der Konditionierung wird hier mit Lob gearbeitet. Dieses ist besonders effektiv durch 'beschreibendes Lob'. Das Besondere am beschreibenden Lob ist, dass es das Verhalten des Kindes, nicht eine Leistung lobt und deshalb nicht bewertend ist. Außerdem ist es eindeutig, ehrlich und spezifisch und sollte begeistert ausgesprochen werden. Eine Stärkung der Persönlichkeit ist deshalb nur beim beschreibenden Lob möglich. Ein beschreibendes Lob wäre demnach beispielsweise: „Ich finde es toll, dass du gleich nach dem Spielen dein Zimmer wieder aufgeräumt hast".

Eine weitere Möglichkeit Kinder zu verstärken, besteht in Form von Aufmerksamkeit. Indem ich sie an der Schulter berühre, ihnen zulächle oder ihnen einfach nur aktiv zusehe, wird das wünschenswerte Verhalten gefördert.
Wenn für eine spannende und interessante Umwelt gesorgt ist, wird zugleich das selbständige Spielen angeregt.
Da es aber nicht nur darum geht, vorhandenes Verhalten zu fördern, sondern den Kindern auch neue Fähigkeiten oder Verhaltensweisen beigebracht werden sollen, werden den Eltern an dieser Stelle einige lerntheoretische Informationen gegeben.

Hier werden noch einmal besonders die Chancen des Modell-Lernens herausgearbeitet und die Möglichkeiten des beiläufigen Lernens dargestellt. Ferner werden den Eltern zwei Methoden an die Hand gegeben: zum Einen die 'Fragen-Sagen-Tun-Methode' um Selbstständigkeit zu fördern und zweitens die 'Punktekarte', um Kinder zu motivieren, ein Verhalten zu verändern, neue Fertigkeiten zu erlernen oder zu vollenden.

Der letzte der vier Punkte, die Triple P verfolgt, ist der Umgang mit Problemverhalten, da Kinder lernen müssen, ihre Enttäuschung zu kontrollieren und Grenzen zu akzeptieren. Kinder können nur Selbstkontrolle erlernen, wenn Eltern sofort, konstant und entschieden Konsequenzen aufzeigen.

Triple P stellt hierzu einige Methoden vor, wie Eltern mit Problemverhalten ihrer Kinder umgehen können:

1. Familienregeln aufstellen!
Um zu wissen, was von ihnen erwartet wird, brauchen Kinder Grenzen, um Verhaltenssicherheit zu entwickeln. Deshalb sollen Eltern möglichst unter Einbeziehung ihrer Kinder Familienregeln aufstellen, die positiv formuliert werden sollen. Diese Regeln müssen gerecht und leicht zu befolgen sein, denn nur dann können sie wirken.

2. Sprechen Sie ihr Kind direkt an!
Wenn Kinder eine Grundregel vergessen, ist es wichtig sie direkt darauf anzusprechen, in dem die Eltern sagen, was das Problem ist, warum dies ein Problem darstellt und was das Kind stattdessen tun könnte. Der letzte Punkt kann auch von dem Kind selbst herausgefunden werden.

3. Absichtliches Ignorieren bei leichtem Problemverhalten einsetzen!
Bei einem eher geringfügigen Problemverhalten sollten Eltern das Kind absichtlich ignorieren, d.h. Eltern beachten es bewusst nicht, drehen sich um oder gehen weg. Dies sollte allerdings nur so lange erfolgen, bis das Kind wieder ange-

messenes Verhalten zeigt, welches dann gelobt werden sollte. Diese Methode sollte allerdings nur bei leichtem Problemverhalten, wie z.B. Schimpfwörter benutzen etc angewandt werden, bei schwerwiegendem Problemverhalten muss sofort und sehr entschieden reagiert werden.

4. Klare und ruhige Anweisungen!
Anweisungen sollten stets klar, direkt und mit ruhiger Stimme gegeben werden. Bei Problemverhalten des Kindes sollten Eltern zuerst die Aufmerksamkeit des Kindes gewinnen, indem sie ihre Tätigkeit unterbrechen, auf Augenhöhe zu dem Kind hinunter gehen und es mit seinem Namen ansprechen. Im Folgenden sollen Eltern dem Kind genau sagen, was sie von ihm möchten. Wenn es mit etwas aufhören soll, muss ihm eine Alternative geboten werden: *„Pauline, hör jetzt auf hier rumzurennen. Zieh dir deine Jacke und Schuhe an, wir gehen jetzt nach draußen"*. Allerdings sollten Eltern ihrem Kind auch etwa fünf Sekunden Zeit zum reagieren geben. Wenn das Kind dann tut, worum es gebeten wurde, sollten die Eltern es loben, reagiert es dann nicht, sollten Eltern die Anweisung wiederholen. Eltern, die ihr Kind gebeten haben etwas zu unterlassen und das Kind fährt damit fort, dürfen die Anweisung nicht wiederholen, sondern es folgt sofort eine logische Konsequenz.

5. Logische Konsequenzen einsetzen!
Angewendet sollten logische Konsequenzen bei geringfügigerem und seltenem Problemverhalten werden. Eltern sollen bei Nichtbeachtung einer Anweisung eine Konsequenz wählen, die der Situation angemessen ist. Des weiteren sollte sie kurz sein, etwas 5 bis 30 Minuten sind ausreichend und effektiver als längere. Wichtig ist, dass Eltern ihre Entscheidungen nicht mit den Kindern diskutieren. Sie sollen reagieren, wenn das Problem auftritt, indem sie das Spielzeug, mit dem sich das Kind gerade befasst entfernen oder nach Bedarf die Aktivität des Kindes unterbrechen. Nach der vorgegebenen Zeit müssen Eltern darauf achten, dem

Kind die Aktivität wieder zur Verfügung zu stellen. Sollte das gleiche problematische Verhalten innerhalb einer Stunde wieder auftreten, kann die Dauer der Konsequenz auch ausgeweitet werden, oder Eltern benutzen die Methode des 'Stillen Stuhls'.

6. Den 'Stillen Stuhl' benutzen!

Sollte das Kind nicht tun, worum es gebeten wurde und hatten andere Konsequenzen keinen Erfolg, so wird den Eltern die Methode des 'Stillen Stuhles' an die Hand gegeben. Sie soll dem Kind helfen angemessenes Verhalten zu erlernen. „Stiller Stuhl bedeutet, dass Ihr Kind seine Beschäftigung unterbrechen und für kurze Zeit in dem Raum, in dem das Problem aufgetreten ist, ruhig in ihrer Nähe sitzen muss, ohne dass sie es beachten" (Sanders 2003, S. 10). Kurze Zeiten von einer bis fünf Minuten sind auch hier wirkungsvoller als längere. Die Länge des 'Stillen Stuhls' richtet sich nach dem Alter des Kindes. Wenn das Kind während der Zeit ruhig dort sitzen bleibt, darf es anschließend mit seiner Beschäftigung fortfahren. Wichtig ist, dass das Kind weiß, was passieren wird. Deshalb sollen Eltern im vorhinein mit ihrem Kind über die Regeln und den Ablauf dieser Methode sprechen. Nach dem 'Stillen Stuhl' soll der Vorfall nicht mehr angesprochen werden, sondern Eltern können ihrem Kind dabei helfen eine Aktivität zu finden. Außerdem sollten Eltern versuchen das Kind möglichst schnell wieder zu loben.

7. 'Auszeit' anwenden!

Die Auszeit ist dann eine effektive Methode, wenn ein Kind immer wieder nicht das tut, was die Eltern von ihm erwarten, bzw. schwerwiegendes Problemverhalten zeigt, wie z.B. andere zu schlagen. Dies ist eine deeskalierende Methode sowohl für Eltern als auch für Kinder. Anstatt als Eltern aufgeregt und ärgerlich zu werden, das Kind anzuschreien oder es gar zu schlagen, bietet die Auszeit die Möglichkeit für alle sich wieder zu beruhigen. Kinder können dadurch

Selbstkontrolle und angemessenes Verhalten erlernen. Bei der Auszeit soll das Kind in einen anderen reizarmen, uninteressanten aber hellen und sicheren Ort gebracht werden, wo es je nach Alter eine bis fünf Minuten ruhig verbleiben soll. Auch hier ist es besonders wichtig, dass die Kinder im Vorhinein die Regeln und den Ablauf der Auszeit erklärt bekommen, so dass Eltern in der akuten Situation ihren Kindern nur noch sagen müssen, was sie falsch gemacht haben und es an die Regeln erinnern müssen. Besonders hervorzuheben ist, dass Eltern während der Auszeit nicht auf das Problemverhalten der Kinder reagieren dürfen, da sie es sonst nur verstärken würden. Erst wenn es die festgesetzte Zeit ruhig geblieben ist, darf ihm Aufmerksamkeit geschenkt werden.

Die folgende Liste, soll noch einmal zur Übersicht der einzelnen Punkte dienen:

17 grundlegende Erziehungsfertigkeiten
- positive Beziehung aufbauen und stärken:
    - wertvolle Zeit
    - miteinander reden
    - Zuneigung zeigen

- angemessenes Verhalten fördern
    - beschreibend loben
    - Aufmerksamkeit schenken
    - anregende Beschäftigung

- neue Fertigkeiten / Verhalten beibringen
    - Lernen am Modell
    - Beiläufiges Lernen
    - Fragen-Sagen–Tun
    - Punktekarten

- mit Problemverhalten umgehen
    - Familienregeln aufstellen
    - direktes Ansprechen
    - absichtliches Ignorieren
    - klare, ruhige Anweisungen geben
    - logische Konsequenzen einsetzen
    - Stiller Stuhl einsetzen
    - Auszeit bei schwerwiegendem Problemverhalten

(vgl. Hahlweg 2001, S. 16)

6.1.5 Grundlagen von Triple P

Triple P ist insgesamt gesehen ein therapeutisches behaviorales Interventionsprogramm. Es nimmt Bezug zu Modellen der sozialen Lerntheorie, zur Eltern-Kind-Interaktion, z.B. coerciven Interaktionsprozessen (vgl. Patterson 1982, zit. n. Hahlweg 2001, S. 11), verhaltensanalytischen Konzepten, wie das operante und klassische Konditionieren mit Hilfe von Belohnung (Verstärkung), Ignorieren oder Tokenprogramme (vgl. Sanders 1999, passim). Zudem nimmt es Bezug zum Erwerb sozialer Kompetenzen und Fähigkeiten durch inzidentelles Lernen (vgl. Hart & Risley 1975 zit. n. Hahlweg 2001, S. 11). Weiterhin wurde für dieses Programm die sozial-kognitive Lerntheorie von Bandura (1977) zugrunde gelegt, die die Grundlage bildet „für Interventionen, die Attributionen, Erwartungen und andere Kognitionen von Eltern beeinflussen" (Hahlweg 2003, S. 12).

Betrachtet man das Menschenbild, das hinter diesem Konzept steht, so stellt man fest, dass es vom Streben nach Selbstbestimmung, Selbstverantwortung und Selbststeuerung geprägt wird. Der Mensch wird grundsätzlich in einer aktiven Rolle gesehen, bei dem „kognitive, emotionale, motorische und physiologische Faktoren ebenso integriert sind wie die Interaktion einer Person mit der physikalischen und sozialen Umwelt" (Dirschl et al. 2005, S. 53).

Es wird als notwendig erachtet, dass sich die Eltern mit ihren eigenen Zielen und Werten auseinandersetzen, denn nur so könne eine Veränderung erzielt werden. Der Berater oder Trainer wird als Katalysator für Veränderungen aufgefasst und von ihm deshalb eine positive und emphatische Grundhaltung erwartet.

Die Selbstregulation ist ein besonders wichtiges Konzept bei Triple P. Diese wird als zentrale Kompetenz begriffen, da die Eltern Fähigkeiten erlernen sollen, die sie dazu befähigen, Probleme unabhängig und selbständig zu lösen. Das Prinzip der Selbstregulation gliedert sich in folgende Komponenten:

Mit Selbstsuffizienz ist gemeint, dass Eltern lernen sollen, Probleme eigenständig zu lösen. Hier greift das Prinzip der minimalen Intervention, d.h. sie bekommen nur so viel Unterstützung wie sie tatsächlich benötigen. Zum einen senkt das Kosten, zum anderen stärkt das auch das Selbstbewusstsein der Eltern.

Der zweite Punkt bezieht sich auf die Selbstwirksamkeit der Eltern. Eltern mit hoher Selbstwirksamkeit, also mit der Überzeugung, dass sie schwierige Aufgaben zukünftig meistern können, haben eine positivere Erwartung und sind zuversichtlicher für eine Veränderung.

Auch Selbstmanagement benötigen Eltern, um ohne fremde Hilfe ihren Familienalltag meistern zu können. Dies funktioniert nur, wenn Eltern in der Lage sind, sich Ziele zu setzen und bewusst Erziehungsfertigkeiten anzuwenden.

Eine weitere Fertigkeit die sie benötigen, sind allgemeine Problemlösefertigkeiten. Wichtig ist, dass Eltern ihr Wissen auch auf andere Situationen generalisieren können. Ziel ist es hier nicht nur aktuelle Probleme zu lösen, sondern auch zukünftige ohne größere Schwierigkeiten bewältigen zu können.

6.1.6 Evaluative Ergebnisse zur Wirksamkeit

Schon in den 80 er Jahren gab es erste Forschungsergebnisse zu Triple P. Die größte Evaluationsstudie, die die Effektivität des Gruppentrainings nachweisen sollte, ist die breit angelegte quasi-experimentelle Studie mit Familien in East Perth (Westaustralien). An dieser sogenannten Perth-Studie nahmen 718 Vorschulkinder in der Experimental- und 806 Vorschulkinder in der Vergleichsgruppe teil. Das Ziel dieser Studie war es unter „real-life"- Bedingungen (Dirscherl et al. 2005, S. 62) die Auftretenshäufigkeit von Verhaltensproblemen in einer Region mit erhöhtem Auftreten dieser Probleme durch diese Prävention zu reduzieren. Es wurden zahlreiche Eltern- und Kindvariablen vor dem Elternkurs und neun Wochen, 12 Monate und 24 Monate danach verglichen.

Im Ergebnis dieser Studie zeigte sich eine signifikante Veränderung der Experimentalgruppe zur Vergleichsgruppe in den Bereichen: „Reduktion kindlichen Problemverhaltens, Verbesserung elterlicher Erziehungskompetenz, Reduktion psychischer Belastung der Eltern und Verbesserung der Partnerschaftsqualität" (Heinrichs et al., in press).

Aktuell gibt es auch drei Studien aus Deutschland, die noch nicht alle komplett abgeschlossen sind unter der Leitung von Prof. Dr. Hahlweg und Prof. Dr. Heinrichs. Mit diesen Studien möchte ich mich im Folgenden näher beschäftigen.

In der durch die DFG geförderten Studie von Hahlweg et al. sollte die Wirksamkeit des Triple P- Elterntrainings an Hand einer universellen Stichprobe erfolgen. Ein weiteres Ziel war der Vergleich der mütterlichen und väterlichen Beurteilung zu der Wirksamkeit. Als Hauptkriterium wurde erwartet, dass sich das elterliche Erziehungsverhalten verbessert und externale und internale Störungen reduziert werden. Es wurden N= 280 Familien aus siebzehn zufällig ausgewählten, hinsichtlich des Sozialstrukturindex, städtischen Kindertagesstätten in Braunschweig rekrutiert. Das Geschlechterverhältnis war ausgeglichen (n=144 Jungen; n= 136 Mädchen) und alle Kinder waren im Mittel 4.5 Jahre alt. Bedeutsame Effekte zeigten sich kurz- und mittelfristig bei den Müttern bei fast allen Variablen. Wie erwartet zeigten sich die größten Veränderungen im Erziehungsverhalten und in Veränderung der „kindlichen emotionalen Auffälligkeiten und Verhaltensproblemen" (Heinrichs et al., in press). Zeigen konnte die Studie, dass Triple P in Gruppen über einen Zeitraum von einem Jahr wirksam ist mit Effektstärken zwischen 0.19-0.62. 90% der Teilnehmer geben an, dass sie mit dem Gruppentraining zufrieden sind, 82% geben an, dass es für sie hilfreich war und 81% stellen eine verbesserte Beziehung zu ihrem Kind fest.

In einer weiteren wichtigen Studie wurde Triple P aus Sicht der Eltern evaluiert (vgl. Heinrichs et al., submitted for publication). Diese Studie wurde durchgeführt, da bei kognitiv-behavioralen Elterntrainings häufig angezweifelt wird, ob diese auch die Bedürfnisse von Eltern nicht verhaltensauffälliger Kinder oder sozial benachteiligter Familien bedienen können. Teilnehmende Familien verteilten sich über verschiedene Einkommens- und Bildungsschichten. Das Ergebnis zeigte eine sehr hohe Teilnahmerate und hohe Zufriedenheit mit dem Training. In dieser Studie setzten sich Heinrichs et al. mit den vier wichtigsten Kritikpunkten an

Triple P auseinander. Sie greifen vor allem Kritikpunkte von Deegener und Tschöpe-Scheffler auf, die durch diese Studie widerlegt werden sollen.

Der erste Kritikpunkt, dem sie sich zuwenden, ist, dass Triple P nur für Eltern verhaltensauffälliger Kinder geeignet sei und dass Eltern, die keine Erziehungsschwierigkeiten haben, mit diesem Programm unzufrieden seien. Dies sei daran zu erkennen, dass diese Eltern das Training abbrechen oder nicht an allen Sitzungen teilnehmen. Der zweite Kritikpunkt ist, dass Triple P keinen Raum für Diskussionen lasse und daher zu strukturiert sei, dies führe dazu, dass Eltern unzufrieden seien, da „ihre Vorstellungen über Erziehung ignoriert werden" (Heinrichs et al., submitted for publication). Auch dass Triple P nur für Eltern mit einem höherem sozialen Status attraktiv sei und sozial benachteiligte Eltern seltener daran teilnehmen, wird immer mal wieder als Kritikpunkt angeführt.
Ein vierter Kritikpunkt bezieht sich darauf, dass dieses Elterntrainingsprogramm kulturell adaptiert werden müsse, um deutsche Familien, aber auch Migrationsfamilien anzusprechen.

Mit dem Ziel, diese Kritikpunkte zu überprüfen, nahmen 341 Eltern am Training teil. Die Kinder waren im Mittel 4 Jahre alt, die Mehrzahl (62%) der Teilnehmer hatten einen Haupt- oder Realschulabschluss und ca. 25 % der Teilnehmer hatten einen Migrationshintergrund.

Das Ergebnis der Studie deutet darauf hin, dass die soziale Zugehörigkeit keinen Einfluss auf die Teilnahmerate oder Zufriedenheit am Training hat. Dies scheint ein Beleg dafür zu sein, dass Triple P nicht nur für Eltern mit hohem sozialen Status attraktiv ist. Entgegen der Annahme brechen Eltern mit niedrigerem sozialen Status den Kurs nicht häufiger ab und sind auch nicht unzufriedener. Allerdings räumen Heinrichs et al. ein, dass dieser Befund nicht verwechselt werden darf „mit den empirischen Daten, die zeigen, dass Präventionsangebote im Allgemeinen weniger gut in Anspruch genommen werden von Personen mit geringerer Bildung" (ebd.).

Familien mit Migrationshintergrund zeigten sich genauso zufrieden mit dem Training wie deutsche Eltern und nahmen genauso regelmäßig teil. Auch zeigt diese Studie, dass Triple P nicht nur für Eltern mit verhaltensauffälligen Kindern attraktiv ist, denn die Teilnahmerate und auch die Zufriedenheit ist unabhängig vom Ausmaß der berichteten Verhaltensprobleme. Mit einer Drop out Rate von nur 3 % im Mittel ist diese deutlich geringer als in anderen internationalen Studien. Dies kann damit erklärt werden, dass diese Studie nur selektiv, nicht aber universell angesetzt war. Eine Schlussfolgerung der Autoren ist, „dass die entsprechende Kritik an kognitiven-verhaltenstherapeutischen Elterntrainings aus einer Zufriedenheits- bzw. Teilnehmerperspektive nicht haltbar ist" (Heinrichs et al., in press).

6.1.7 Diskussionen um Triple P

Das Triple P zu Diskussionen in Deutschland führt, lässt sich besonders an der immerhin 46 seitigen kritischen Auseinandersetzung von Prof. Dr. Deegener und Prof. Dr. Hurrelmann und der sehr ausführlichen Beantwortung von Prof. Kurt Hahlweg und Yvonne Miller erkennen.

Deegener setzt sich zu Anfang mit den Ratgebern 'Kleinen Helfer', die ebenfalls von Sanders (1999) herausgegeben wurden, auseinander. Er wirft Triple P vor, zu rigide und dressurmäßig zu sein, so dass die Erziehungsanleitung eher an ein Kochbuch erinnere. Es wird hier die Gefahr der Verstörung und Verängstigung des Kindes genannt, die bei der ausgeprägten Rigidität auftreten kann. Konkret geht es in diesem Punkt, um die 'Kleinen Helfer' zum Thema Kleinkinder und Schlafprobleme. Eltern werden hier verschiedene Methoden aufgezeigt, die sie anwenden können, wenn das Kind nicht ruhig im Bett verbleibt. Als erstes wird die 'direkte Methode' vorgeschlagen, in der Eltern ihrem Kind erzählen, was geschehen wird, wenn es bis zum nächsten Morgen im Bett bleibt, bevor sie 'Gute Nacht' sagen. Gleichzeitig sollen sie aber auch ihrem Kind klar machen, dass sie auf Rufen und Weinen nicht reagieren und es immer wieder zurück ins Bett bringen werden. Angeraten wird ferner auf Bitten und Protest nicht zu reagieren (vgl. Deegener / Hurrelmann 2002, S. 18). Eltern sollen ihr Kind in der ersten Nacht, wenn es ruft oder weint, komplett ignorieren, denn es nähme dadurch keinen Schaden.

Des Weiteren wird Eltern eine 'langsame Methode' vorgestellt, die besonders für Eltern geeignet erscheint, die nicht die Härte und Konsequenz für die 'direkte Methode' aufbringen können. Bei dieser Methode dürfen Eltern, wenn das Kind weint, zurück in das Zimmer gehen, es beruhigen und es daran erinnern, das nun Zeit zum Schlafen ist. Anschließend sollen sie das Zimmer verlassen und nicht warten, bis das Kind sich beruhigt hat. Wenn das Kind weiter weint, müssen die Eltern zwei Minuten länger warten, bis sie wieder hineingehen dürfen. In einer dritten sogenannten 'sanften Methode', die bei kleinen Kinder empfohlen wird, bleiben Eltern im selben Raum und legen sich auf ein anderes Bett. Sie sollen sich schlafend stellen, bis das Kind eingeschlafen ist, dann können sie den Raum verlassen. Dennoch bekommen Eltern den Ratschlag ihr Kind nicht zu beachten, wenn es weint oder schreit, außer wenn es krank oder in Gefahr ist.

Kritisiert an diesem 'Kleinen Helfer' wird vor allem, dass den Eltern nicht geraten wird, ihre Forderungen und Konsequenzen altersgerecht zu begründen. Außerdem gibt es „keine Hinweise darauf, auch einmal auf das Weinen des Kindes einzugehen, sich seine Gründe anzuhören, über diese zu reden, das Kind zu trösten usw." (Deegener / Hurrelmann 2002, S. 23).

Dass Kinder mit Angst unter Druck gesetzt werden, wird ebenfalls abgelehnt. Der Lernerfolg, wenn Kinder merken, dass es besser ist, die Tür geöffnet zu haben, d.h. sich ruhig zu verhalten, ist jedoch fragwürdig. Weiterhin wird als problematisch eingestuft, dass Eltern bei allen Methoden mehr oder weniger das Schreien und Weinen des Kindes ignorieren sollen, da sich das Kind hierdurch verlassen und einsam fühlen und dies zu Angst und aggressiven Verhalten führen kann.

In der Erwiderung auf diese Stellungnahme von Hahlweg und Kessemeier (2003) wird noch einmal deutlich, dass die unterschiedlichen Sichtweisen unterschiedlichen Menschenbildern zugeordnet werden können. Die Autoren machen noch einmal deutlich, dass es sich bei Triple P um einen verhaltenstherapeutischen Ansatz handelt und dass angenommen wird, „[...] dass sich über eine Veränderung des Verhaltens von Eltern auch deren Einstellungen und Erziehungshaltungen verändern lassen" (Hahlweg / Kessemeier 2003, S. 170).
Triple P zeichne sich durch die praktischen und alltagsnahen Lösungsvorschläge aus, bei denen Eltern ermutigt werden, Dinge in ihrer Familie

zu verändern, die eine Belastung darstellen. Auf die Kritik an den „Kleinen Helfern" reagieren sie, indem sie alle Beispiele lediglich als Vorschläge aber nicht als Anweisungen darstellen. Dennoch halten sie es für unerlässlich diese Vorschläge konkret darzustellen, da nur so Verhaltensveränderungen erreicht werden können. Außerdem stellen sie fest, dass Eltern stets gelesene Ratgeber an ihre Familien anpassen und neue Anregungen einfließen lassen. Hahlweg und Kessemeier (2003) gehen aber auch auf die Metapher des Kochbuchs ein, indem sie feststellen: „Wie in einem Kochbuch wird alles genau beschrieben und bleibt aber, genau wie bei einem Rezept offen für Abwandlungen. Je nach dem, was man wegnimmt oder hinzufügt, wird es mehr oder weniger gut funktionieren" (S. 170 f.).

Auf die konkreten obengenannten Beispiele reagieren die Autoren leider nicht, ebenfalls nicht auf das Argument der Druckausübung zur Erreichung eines Lernziels.

Außerdem merken Deegener und Hurrelmann (2002) an, dass die Anwendung des 'Stillen Stuhls' und der 'Auszeit' inflationär zum Einsatz kommen könnte. Zu Bedenken geben die Autoren, ob es wirklich schon nötig ist, bei Alltagsproblemen so drastische Maßnahmen anzuwenden, die in der klinischen Praxis bei ausgeprägten Verhaltensauffälligkeiten angewendet werden. Im Anschluss weisen sie darauf hin, dass Kinder sich eben 'kindlich' benehmen und es ihnen deshalb auch schwer fällt, ihre Bedürfnisse zu verschieben. Dies sollen sie aber sowohl beim 'Stillen Stuhl' als auch bei der 'Auszeit'. Kinder brauchen hierbei Unterstützung der Eltern, um Angst auszuhalten, mit Frustrationen umzugehen und Wut zu steuern. Die Unterstützung der Eltern fehle aber bei diesen Methoden, schlimmer noch, da die Eltern alles konsequent ignorieren, kann das zu Gefühlen von Abgelehntheit, Einsamkeit etc. führen.

Insgesamt kritisieren die Autoren, dass Triple P die zukunftsorientierten, demokratischen und humanen Erziehungsstrategien zurückstellt und dagegen Anpassung und Gehorsam überbetonen. Weiterhin werden breiter angelegte Konzepte von Elterntrainings vorgeschlagen, da Eltern dann flexibler in der Erziehung reagieren können, so dass sie nicht nur ausschließlich auf lerntheoretisch, verhaltenstherapeutische Angebote zurückgreifen, sondern das Spektrum vergrößert wird. In ihrem Fazit machen Deegener und Hurrelmann (2002) ganz deutlich, dass sie grundsätzlich die Notwendigkeit der Elternkurse ausdrücklich bejahen und sich diese auch an alle Eltern richten (vgl. S. 43). Insgesamt empfehlen sie Programme, wie verschiedene Elternbriefe, das Kurskonzept „Eltern sein dagegen sehr" von R. Penthin, „Starke Eltern -Starke Kinder" vom Deutschen Kinderschutzbund und Elternkurse nach Gordon.

Hahlweg und Kessemeier (2003) führen hingegen an, dass Auszeitverfahren verhaltenstherapeutische Strategien seien, die in der Tat in der klinischen Praxis, aber auch von Erziehern und Lehrern im Alltag eingesetzt werden. Sie merken weiter an, dass dies keine Basisstrategie sei, sondern diese Methode erst eingesetzt werde, wenn das Kind auf keine andere reagiere. Außerdem beschreiben sie noch einmal ausführlich die Regeln zum Gebrauch der Auszeitverfahren. Diese Regeln sollen sicherstellen, dass dem Kind nicht geschadet wird. Sie führen auf, dass das Kind keine Angst bekommen und das Gefühl behalten soll, die Situation kontrollieren und beeinflussen zu können. Es soll deutlich gemacht werden, dass Gefühle von Wut erlaubt sind, aber ein angemessener Weg gefunden werden soll damit umzugehen. Außerdem steht immer im Mittelpunkt, dass nicht das Kind als Person kritisiert wird, sondern nur sein Verhalten (vgl. Hahlweg / Kessemeier 2003, S. 173f.). „Es gibt jedoch keine Hinweise darauf, dass die Strategien der 'Auszeit' und des 'Stillen Stuhls' Kindern schaden, wenn sie im Rahmen einer positiven Erziehung, wie sie von Triple P vertreten wird, angewendet werden" (ebd. S. 175).

Interessant ist, dass die Autoren in ihrer Schlussfolgerung betonen, dass sie den Forderungen der Kritiker nach „Mitsprache-, Mitbestimmungs- und Gestaltungsmöglichkeiten [...] uneingeschränkt zustimmen" (ebd. S. 175).

In dieser gesamten Diskussion um Triple P wird deutlich, dass sich die unterschiedlichsten Standpunkte aus den unterschiedlichen wissenschaftstheoretischen Standpunkten und Menschenbildern ergeben. Deegner und Hurrelmann sind eher von der Humanistischen Psychologie geprägt, die sich systemisch-, ressourcen- und subjektorientiert darstellt. Hingegen gehen Hahlweg und Kessemeier von den Grundlagen des Behaviorismus aus, der lern- und verhaltenspsychologisch orientiert ist (vgl. Tschöpe-Scheffler 2003, S. 139).

Wichtig ist die Frage allerdings, sich einmal bei der Vielzahl der vorhandenen Erklärungsmodelle zu überlegen, welcher Kurs für welche Eltern sinnvoll erscheint. Tschöpe-Scheffler (2003), die sich ansonsten auch durchaus kritisch zu Triple P äußert und eher auf Seiten der Kritik Deegeners und Hurrelmanns steht, räumt ein, dass Triple P in der Anfangszeit für stark gewaltbelastete Familien hilfreich sein kann. Dennoch warnt sie vor einer Verabsolutierung der Anweisungen, wenn Eltern nicht in der Lage sind, dieses Programm flexibel in ihren Familienalltag einzufügen und damit lediglich ihr vorhandenes Wissen erweitern.

6.1.8 Kritik und Weiterentwicklungsmöglichkeiten

Zunächst stellt sich die Frage, ob dieses Elterntraining auch für bildungsungewohnte Eltern mit niedrigem sozio-ökonomischen Status geeignet scheint, oder ob es für dieses Klientel einer Adaption bedarf. Als ein großes Problem erscheint mir, die sehr starke Strukturiertheit und enge Zeitplanung in diesem Programm. Dies hat zur Folge, dass der theoretische Input sehr hoch und der Diskussionsanteil eher niedrig ist. Eltern, die nur eine geringe Reflexionsfähigkeit mitbringen, könnte der Transfer in ihre eigene Familie schwer fallen. Außerdem ist es trotz verhaltenstherapeutischer Ausrichtung nicht vorgesehen, einige Rollenspiele durchzuführen. Gerade aber durch diese Rollenspiele wird den Eltern die Möglichkeit gegeben, das erlernte Wissen in einem geschützten Rahmen auszuprobieren. Generell ist das Training für Eltern geeignet, die schnell eine Lösung brauchen. Diese Lösungen werden innerhalb weniger Sitzungen mit den Kursleitern erarbeitet, bzw. Methoden von den Kursleitern vorgestellt. Für bildungsgewohnte Eltern, stellt diese Art des Trainings kognitiv eher weniger Probleme dar, dennoch haben auch diese häufig den Drang, ihre eigenen Probleme vorzustellen und Lösungen zu diskutieren. Doch hierfür ist bei Triple P leider sehr wenig Raum. Sicherlich wäre es sinnvoll, gerade für bildungsungewohnte Eltern, die Länge des Programms um eine oder zwei Sitzungen zu erweitern, auch mit dem Risiko, dadurch eine höhere Drop-out-Rate zu erhalten. Damit wäre es immer noch viel kürzer als andere Elterntrainings, aber der Austausch und die Unterstützung untereinander würden nicht zu kurz kommen. Auch im Hinblick auf den Aufbau eines Netzwerkes für Eltern könnte so dieser Elternkurs besser hinarbeiten. Denn nur, wer die Möglichkeit hat, sich bereits in der Gruppe schon auszutauschen und näher kennen zulernen, wird auch weiteren privaten Treffen zustimmen.

Konkret heißt dieses für mich, dass Triple P durch etwas weniger Struktur und mehr Elternbezogenheit noch effektiver sein könnte. Außerdem finde ich die Kritik von Deegener und Hurrelmann (2002) berechtigt, dass gerade die Ratgeber 'Kleine Helfer' an manchen Stellen zu rigide sind. Ich bin eher skeptisch, ob es allen Eltern gelingt, diese Ratgeber für ihre Familie anzupassen, wie es Hahlweg und Kessemeier (2003) vorschlagen. Die Gefahr besteht gerade bei überforderten und hilflosen Eltern, dass sie das Gelesene genau so übernehmen und nicht an ihre Familie anpassen. Außerdem befürchte ich, dass es gerade auch bei diesem Klientel Schwierigkeiten bei den Umsetzungen der Auszeittechniken geben könnte. Sehr umstritten sind diese Methoden generell schon länger, ob sie in der Erziehung einzusetzen sind oder nicht. Werden die 'Auszeit' oder der 'Stille Stuhl' aber zu unbedarft angewendet, können diese Methoden sicherlich auch Kindern Schaden zufügen. Unumstritten ist, dass diese Methoden sicherlich besser sind, als Kinder physisch oder psychisch zu misshandeln, dennoch bergen sie einige Gefahren. Ich bin der Meinung, dass Eltern ihre Kinder eher bei der Bewältigung von Ärger und Wut unterstützen sollten und dass diese Auszeitmethoden auch Ängste und Gefühle von Einsamkeit hervorrufen können. Der abgeschwächten Version der 'Auszeit', die 'STOP- Regel', die beim STEP-Elterntraining als letzte Methode eingeführt wird, kann ich schon eher zustimmen. Die Kinder haben hierbei die Möglichkeit, sich in ihrem Zimmer spielend aufzuhalten und dadurch wieder ihre Gefühle zu kontrollieren. Sie können, nachdem sie sich beruhigt haben, das Zimmer wieder verlassen. Auf diese Methode werde ich noch näher in Kapitel 6.2.3 eingehen.

Dennoch gibt es sicherlich einige positive Aspekte in diesem Training, die nicht zuletzt durch die Evaluationen von Triple P belegt wurden und auch noch in anderen Eltern-Trainings zu finden sind. Generell finde ich, dass die Effektivität eines Elternkurses stark von dem Trainer abhängt. Die Trainerin des Triple P-Kurses, den ich besucht habe, hat immer wieder deutlich gemacht, dass dies alles nur Anregungen sind, die Eltern in ihren Erziehungsalltag einfügen können. Auch gab sie den Eltern die Möglichkeit, sich im Rahmen der zeitlichen Vorgaben, auszutauschen und über Aspekte zu diskutieren. So wurde das eher Direktive und Dogmatische, dass in den Ratgebern zu finden ist, relativiert.

6.2 STEP- Elternkurs
(Systematic Training for Effective Parenting)

Das Konzept wurde von Don Dinkmeyer Sr., Gary D. McKay und Don Dinkmeyer Jr. im Jahre 1976 entwickelt. 2001 wurde das STEP – Programm von Trudi Kühn, Roxana Petcov und Linda Pliska ins Deutsche übersetzt und adaptiert.

6.2.1 Ziele des Kurses

Eltern sollen lernen, ihre Kinder aus einer neuen Perspektive zu sehen, d.h. die Individualität des Kindes anzuerkennen, aber auch zu leiten und zu führen. Eltern können dies üben, indem sie zuerst ihre eigenen Gefühle wahrnehmen und schließlich die Ziele und Motive des Verhaltens der Kinder neu interpretieren und anders reagieren.

Darüber hinaus sollen die Eltern dazu befähigt werden, das theoretisch Gelernte in den Familienalltag umsetzen zu können.

Außerdem lernen Eltern, ihre Kinder durch Ermutigung zu fördern, indem sie die Bemühungen der Kinder anerkennen und auch benennen. Durch eine konsequente ermutigende Reaktion werden die Kinder beim Aufbau eines gesunden Selbstbewusstseins unterstützt (vgl. Petcov 2004, S. 38). Anschließend lernen die Eltern, ihren Kindern aktiv zuzuhören und auf die Gefühle der Kinder zu achten. Dies führt dazu, dass Kinder mit ihren Eltern über Probleme sprechen. Außerdem gehört zu diesem thematischen Bereich die Förderung der Kommunikation im Allgemeinen, beispielsweise mit Ich-Botschaften zur Förderung einer guten Eltern-Kind-Beziehung. STEP unterstützt die Eltern im Problemlöseverhalten und fördert die Selbstständigkeit, Kooperationsbereitschaft und Konfliktfähigkeit der Kinder. Des Weiteren werden Eltern Möglichkeiten aufgezeigt, wie sie ihren Kindern Grenzen setzen können, damit sie Eigenverantwortung und Selbstdisziplin lernen.

Eine wichtige Grundeinstellung dieses Elternkurses ist, dass die Veränderungen in der Familie bei den Eltern beginnen und nur sie selbst ihre Einstellungen und ihr Verhalten ändern können, nicht das der Kinder.
Durch eine Verbindung von verschiedenen Arbeitsweisen wie Rollenspiele, Diskussion, Fallbeispiele etc. werden die Eltern sowohl kognitiv als auch emotional angesprochen. In dem sich Eltern bewusst mit Alltagsbeobachtungen auseinandersetzen und erlebte Situationen in Rollenspielen durchführen, können sie sich bewusst mit Gefühlen und Verhalten beschäftigen und Perspektivwechsel einnehmen.
Die Einbringung einer „erzieherischen Herausforderung" (Hurrelmann et al. 2005, S. 17) der Eltern in die Gruppe bildet einen Schwerpunkt der Sitzung. Durch Ermutigungen, Austausch und Feedback der Gruppe haben die Eltern die Möglichkeit eigene Gefühle besser zu reflektieren und eingefahrene Strukturen zu erkennen und zu verändern.

6.2.2 Aufbau und Ablauf des Kurses

Das Besondere bei den STEP-Kursen ist die Alterseinteilung der Kinder. Während es bei 'Starke Eltern – Starke Kinder' keine Altersbeschränkung und bei Triple P die Trennung von Kindern bis 12 Jahren und Teenager gibt, existieren bei STEP drei verschiedene Manuale. Es gibt drei Elternbücher und somit auch drei verschiedene Kurse, die je nach Alter des Kindes besucht werden können:
- Die ersten 6 Jahre (Dinkmeyer et.al. 2004)
- Kinder ab 6 Jahren (ebd.)
- Leben mit Teenagern (Dinkmeyer et al. 2005)

Es besteht auch hier die Möglichkeit sich die Inhalte und Methoden ohne Besuch eines Elternkurses anzueignen, indem dann jede Woche ein Kapitel, mithilfe des Elternbuches erarbeitet werden soll. Zur Unterstützung können die Eltern sich die entsprechenden Ausschnitte des Videos ansehen. Dennoch wird der Besuch eines STEP Elternkurses empfohlen, da sich dort Eltern austauschen und in Rollenspielen üben können.

Sowohl der Kurs als auch das Arbeitsbuch unterteilen sich in sieben Kapitel, in denen jeweils zu Beginn die theoretischen Grundlagen erklärt werden. Mithilfe von Karikaturen, die den Familienalltag darstellen, wird das Arbeiten mit dem Buch etwas abwechslungsreicher. Danach erfolgt die 'STEP Ermutigung', die den Eltern Möglichkeiten des Zuspruchs aufzeigt. Am Ende jedes Kapitels gibt es eine 'Aufgabe der Woche' und einen Abschnitt 'Nur für Sie'. In diesem Abschnitt wird noch einmal aufgeführt, was Eltern konkret tun können und es folgt eine Zusammenfassung des Kapitels.

Ein Elternkurs dauert normalerweise zehn Wochen, mit einer Sitzung in der Woche von jeweils zwei bis zweieinhalb Stunden. Es gibt auch andere Formate, die kürzer sind, doch diese werden seltener durchgeführt, da sie sich als nicht so effektiv erwiesen haben.

6.2.3 Inhalte des Kurses

Ich werde mich in diesem Kapitel mit dem STEP-Kurs 'Kinder bis 6 Jahre' beschäftigen und dazu einen Überblick über die Kapitel geben:

1. Kapitel: Wir verstehen kleine Kinder
2. Kapitel: Wir verstehen das Verhalten dieser
3. Kapitel: Wir helfen unseren Kindern, ein Selbstbewusstsein zu entwickeln
4. Kapitel: Wir hören zu und sprechen mit unseren Kindern
5. Kapitel: Wir bringen kleinen Kindern bei zu kooperieren
6. Kapitel: Disziplin bei kleinen Kindern
7. Kapitel: Die emotionale und soziale Entwicklung von kleinen Kindern

Sehr ähnlich sind auch die Kapitel im STEP Elternkurs 'Kinder ab 6 Jahren'. Auch dort geht es darum, die Kinder besser verstehen zu lernen, persönliche Wertvorstellungen und Gefühle herauszufinden, die Kinder zu ermutigen und ihnen zuzuhören, um Kooperationsbereitschaft und Disziplin. Zu erkennen ist, dass die Themen nicht allzu stark variieren und die Aufmachung und Akzentuierung je nach Alter der Kinder eine andere ist.

Die Kapitel in dem Elternbuch verlaufen analog zu den Sitzungen. In der ersten Sitzung lernen die Eltern, dass Kinder unterschiedliches Temperament und unterschiedliches Entwicklungstempo haben und dass dies völlig in Ordnung ist und von den Eltern respektiert werden soll. Außerdem wird den Eltern eine Tabelle vorgestellt, die einen Überblick über die Entwicklung eines Kindes von der Geburt bis zum sechsten Lebensjahr aufzeigt. Wichtig ist hier, dass ganz klar gemacht wird, dass Kinder ihre Fertigkeiten auch nach einem eigenen Zeitplan entwickeln können und Eltern dies unterstützen sollen. Es wird darauf hingewiesen, dass die Charakterzüge eines Kindes bei der Entwicklung der Persönlichkeit eine wichtige Rolle spielen und dass Eltern diese auf positive Weise nutzen können. Außerdem lernen Eltern sich über ihre eigenen Erwartungen, Wertvorstellungen, Überzeugungen und Verhalten bewusst zu werden. Indem Eltern klar wird, dass positive Wertvorstellungen und Überzeugungen zu positivem Verhalten führen, wissen sie, dass Gefühle wichtig sind und können somit die Gefühle der Kinder achten und mit Respekt und Verständnis reagieren. Denn nur wenn Eltern die Gefühle der Kinder respektieren, lernen Kinder, dass sie auch die der Eltern respektieren müssen. Ein weiterer wichtiger Aspekt, der den Eltern vorgestellt wird, ist die „Macht des Spiels" (Dinkmeyer et al. 2004, S. 28). Den Eltern wird zu bedenken gegeben, wie wichtig spielen für Kinder ist und das sich dadurch eine positive Eltern-Kind-Beziehung aufbaut.

Außerdem werden drei Erziehungsstile vorgestellt: autoritärer, antiautoritärer und demokratischer Erziehungsstil. Das STEP- Programm folgt dem demokratischen Erziehungsstil, da dort die Eltern nach einer Balance zwischen Rechten und Pflichten und Grenzsetzung und Freiraum streben. Dieser Erziehungsstil ermöglicht es Kindern verantwortungsbewusst zu werden, da sie merken, dass ihre Entscheidungen zählen. In der Aufgabe der Woche, die nach jeder Sitzung folgt, werden die Eltern aufgefordert, sich mit den Erwartungen, die sie an ihre Kinder haben, auseinander zu setzten.

Die zweite Sitzung ist dem Verstehen des Verhaltens gewidmet. Zuerst wird hier der Frage nachgegangen, woher die Wertvorstellungen und Überzeugungen der Kinder kommen. Eltern erfahren, dass sich diese durch Fragen: Was ist mir wichtig in der Familie oder welchen Erziehungsstil benutzten die Eltern, entwickeln. Anschließend geht es um Fehlverhalten und was Kinder damit erreichen möchten. Nach Dreikurs, der dies die „vier Ziele des Fehlverhaltens" (Dinkmeyer et al. 2004, S. 50) genannt hat, möchten Kinder damit:

1. „Aufmerksamkeit erlangen;
2. Macht ausüben;
3. Rache nehmen;
4. ihre Unfähigkeit beweisen" (ebd.).

Er betont weiter, dass es für Eltern wichtig ist, diese Ziele zu verstehen, denn nur dadurch erfahren Eltern, woran das Kind glaubt und was es möchte. Den Eltern wird auch die Definition Dreikurs zum Thema Fehlverhalten vorgestellt, die besagt, dass Fehlverhalten „aus dem Unvermögen entsteht, durch Kooperation dazuzugehören" (ebd.). Diese Definition macht deutlich, dass nicht jedes unangemessene Verhalten des Kindes Fehlverhalten ist. Wenn Kinder gelangweilt, müde oder krank sind und dann negatives Verhalten zeigen, wird das von den Eltern häufig als störend angesehen, es ist aber laut Definition kein Fehlverhalten. Die nächste Frage ist, was Eltern tun können, wenn ihr Kind Fehlverhalten zeigt. In diesem Zusammenhang ist es wichtig, dass Eltern begreifen, dass ihre Reaktion das Verhalten des Kindes beeinflusst. Deshalb ist es notwendig, dass Eltern zuerst ihr eigenes Verhalten reflektieren und evtl. ihre eigene Reaktion verändern, um Vorbild sein zu können. Eltern werden ermutigt, die positiven Seiten des kindlichen Verhaltens zu erkennen und es zu verstehen. Ein ganz wichtiger Aspekt ist auch hier die Vorbildfunktion der Eltern, die es dem Kind ermöglicht, sein Fehlverhalten mit der Zeit abzulegen und positive Wertvorstellungen zu entwickeln (vgl. Kühn / Petcov 2005, S. 73). Die Eltern erhalten als Aufgabe der Woche, das Verhalten ihres Kindes zu beobachten und sich selbst dabei zu reflektieren.

Die dritte Sitzung steht unter dem Thema der Ermutigung. Eltern sollen ihre Kinder ermutigen, damit sie an Selbstbewusstsein gewinnen. Doch was sind Ermutigung und Lob? Durch Ermutigung lernen Kinder ihre eigenen Stärken und Qualitäten zu entdecken. Eltern sollten nicht versuchen ihr Kind perfekt zu machen, sondern sollen Bemühungen und Verbesserungen der Kinder beachten. Um Lob und Ermutigung zu unterscheiden, gibt es im STEP folgenden Satz: „Lob ist eine Belohnung. Ermutigung ist ein Geschenk" (Dinkmeyer et al. 2004, S. 85). Kinder müssen sich Lob verdienen, in dem sie etwas besonders gut machen. Hingegen braucht man sich Ermutigung nicht zu verdienen, sie kann jederzeit gegeben werden, wenn sich das Kind kooperativ gezeigt hat. Insgesamt fördern die Eltern durch Ermutigung die Stärken ihrer Kinder und zeigen ihnen ihre Liebe. Ein Beispiel zum Unterschied von Lob und Ermutigung:

> „Stellen Sie sich vor, Ihr Kind läuft in einem Rennen mit:
> Was Sie am Ende des Rennens sagen, ist Lob.
> Was Sie während des Rennens sagen, ist Ermutigung"
> (Kühn / Petcov / Pliska 2001, S. 107).

Die folgenden beiden Sitzungen handeln von förderlicher Kommunikation. In dieser Sequenz werden Eltern darauf hingewiesen, wie sie gute Zuhörer sein können und welche positiven Folgen dies für die Entwicklung ihrer Kinder hat. Eltern signalisieren durch aktives Zuhören, dass sie ihre Kinder verstehen wollen und die Gefühle schätzen. Indem Eltern aktiv ihren Kindern zuhören, haben sie die Möglichkeit die Kinder bei der Benennung der Gefühle zu unterstützen, damit sie in die Lage versetzt werden, nicht nur zwischen gut und schlecht zu unterscheiden. Eltern sollen aber nicht nur aktiv zuhören, sondern sie müssen auch einen Weg finden, Probleme und eigene Gefühle mitzuteilen. In dieser Sitzung werden den Eltern die Vorteile der Ich-Aussage vorgestellt, da Eltern hierdurch in die Lage versetzt werden Gefühle mitzuteilen, ohne zu plakatieren oder zu beschuldigen (vgl. Kühn / Petcov 2005, S. 74). In der Aufgabe der Woche werden Eltern dazu angehalten, wirklich bewusst aktiv zuzuhören, Ich-Aussagen zu benutzen und positive Gefühle auszudrücken.

Die sechste Sitzung findet zum Thema Kooperation statt. Zu Beginn der Sitzung erscheint es sinnvoll, den Begriff Kooperation näher zu erläutern, sodass alle Teilnehmer des Kurses eine ähnliche Definition haben. In diesem Kontext bedeutet Kooperation zusammenarbeiten, was nicht heißt, dass Kinder das tun müssen was Erwachsene befehlen. Wenn Probleme entstanden sind, müssen Eltern entscheiden, wie sie damit umgehen. Dafür werden vier Fragen eingeführt, um herauszufinden, um wessen Probleme es sich eigentlich handelt:

1. „Werden unsere Rechte missachtet?
2. Könnte jemand verletzt werden?
3. Ist das Eigentum von jemandem gefährdet?
4. Ist unser Kind zu jung, um für dieses Problem verantwortlich zu sein?"
(Dinkmeyer et al. 2004, S. 132f.).

Zur Lösung wird angegeben, wenn die Antwort auf eine dieser Fragen 'Ja' lautet, es ein Problem der Eltern ist. Wenn die Antwort hingegen auf alle Fragen 'Nein' ist, liegt das Problem beim Kind. Eltern können nun entscheiden, ob sie die Problemlösung ganz dem Kind überlassen, oder ob die Eltern zusammen mit dem Kind nach einer Lösung suchen. Dies wird auch von dem Alter des Kindes abhängig sein, zu welcher Entscheidung die Eltern kommen. Suchen Eltern zusammen mit ihrem Kind nach einer Lösung, so kann dies durch gemeinsames „Erforschen von Alternativen" (Dinkmeyer et al. 2004, S. 139) geschehen. Eine weitere Methode, die eingeführt wird, ist das Abhalten von Familienkonferenzen. Bei diesen Zusammenkünften soll es allerdings nicht nur um Probleme gehen, sonders es sollen auch positive Erlebnisse ausgetauscht und Planungen gemacht werden. Sie geben allen Familienmitgliedern die Möglichkeit über Gefühle zu sprechen, Entscheidungen zu treffen, miteinander Spaß zu haben und Probleme aufzuzeigen.

In der siebten Sitzung geht es um sinnvolle Disziplin, die im Kontrast zur Strafe steht. Deshalb muss sich zu Beginn dieser Sitzung erst einmal mit diesem Unterschied beschäftigt werden. Daher wird den Eltern zuerst vorgestellt, was Strafe ist, nämlich drohen, schreien, beschimpfen, Sachen wegnehmen und schlagen etc. Also alles, was mit physischer und psychischer Gewalt zu tun hat. Dieses ist nachvollziehbar, doch es stellt sich schnell die Frage, was dann Disziplin ist und ob das nicht auch Strafe sein kann? Disziplin wird bei STEP nicht als einzelne Handlung oder Aussage verstanden, sondern als ein Prozess. Dies bedeutet, dass sowohl

Eltern als auch Kinder Zeit brauchen, um Disziplin sinnvoll auszuüben. Ziel dieser Disziplindefinition ist nicht etwa Gehorsam, sondern den Kindern Selbstdisziplin beizubringen (vgl. Dinkmeyer et al. 2004, S. 157). Dinkmeyer et al. haben zu dem Wort Disziplin, Verhaltensmöglichkeiten zusammengefasst:

„D enken Sie sich etwas aus und lenken Sie das Kind ab.
I gnorieren Sie das Fehlverhalten.
S trukturieren Sie die Umgebung.
Z eigen Sie Ihrem Kind, dass sie die Situation, nicht das Kind kontrollieren: setzen Sie Grenzen, geben Sie dem Kind Wahlmöglichkeiten innerhalb dieser Grenzen.
I mmer dann, wenn notwendig, beziehen Sie das Kind in den Prozess mit ein: Lassen Sie Konsequenzen folgen.
P lanen Sie Zeit ein, um Ihrem Kind zu zeigen, dass Sie es lieb haben.
L assen Sie Ihr Kind los.
I mmer konsequenter und berechenbarer werden.
N icht vergessen: Bemerken Sie positives Verhalten"
(Dinkmeyer et al. 2004, S. 158).

Besonders gut funktioniert Ablenkung bei Babys, aber auch noch bei Kleinkindern. Hingegen kann nicht jedes Fehlverhalten ignoriert werden. Wenn jemand verletzt wird oder in Gefahr ist, dürfen Eltern das nicht ignorieren. Ist die Umgebung gut strukturiert und damit sicher, erspart dies den Eltern ständig 'Nein' sagen zu müssen. Um die Umgebung zu strukturieren, wird den Eltern auch empfohlen Rituale einzuführen. Diese geben dem Kind Verhaltenssicherheit und können Grenzen setzen. Wenn Kinder innerhalb ihrer Grenzen aber selbst eine gewisse Kontrolle haben, so fördert dies ihre Unabhängigkeit und Selbständigkeit (vgl. Dinkmeyer et al. S. 163). Immer dann, wenn Kinder Wahlmöglichkeiten bekommen, werden sie in den Prozess der sinnvollen Disziplin miteinbezogen. Wichtig ist außerdem, dass Eltern bei Fehlverhalten logische Konsequenzen folgen lassen. Diese Konsequenzen müssen sich auf die Gegenwart beziehen und sollen freundlich und bestimmt vermittelt werden. Sollte trotz Konsequenz das Fehlverhalten wiederholt werden, soll die Zeit, die die Konsequenz dauert, verlängert werden. Wichtig ist, dass Eltern stets ruhig, freundlich, aber auch bestimmt die Konsequenzen artikulieren.

Bei STEP gibt es noch eine Methode, die den Eltern vorgestellt wird. Wenn Kinder sehr störendes Verhalten wie Wutanfälle, hartnäckige Unterbrechungen und Schlagen an den Tag legen, gibt es die sogenannte 'STOP-Regel'. Das Ziel dieser Regel ist, dass Kinder lernen, ihr Verhalten unter Kontrolle zu bringen und auch den Eltern die Möglichkeit zu geben, ihr Verhalten und ihre Gefühle zu kontrollieren. Betont wird immer wieder, dass diese Methode nur als letzte Möglichkeit eingesetzt werden soll. Dennoch wird bei dieser Methode das Kind in ein Zimmer verbracht, indem es allein und ruhig ist. Zuvor soll diese Methode dem Kind erklärt werden, noch bevor sie das erste Mal angewandt wird. Die Stop-Methode wird erneut angewendet, wenn das Kind sein Fehlverhalten fortsetzt. Wichtig ist in diesem Zusammenhang, dass die Tür nicht abgeschlossen wird, um Angst zu vermeiden und dass es in Ordnung ist, wenn das Kind spielt.

In den letzten Sitzungen geht es zum einen um emotionale Herausforderungen, wie Weinen, Traurigkeit, Eifersucht und Ängste und wie Eltern damit umgehen können. Auch der Umgang mit Wutanfällen und Stress spielen in diesen Sitzungen noch einmal eine Rolle. Außerdem werden Beispiele vorgegeben, in denen die Eltern einen Überblick bekommen, wann und wie, welche Methoden eingesetzt werden kann. Sie können das Erlernte nun in ihren Alltag einbringen und sich in der Gruppe darüber austauschen. Außerdem sind sie nun in der Lage, positive Veränderungen in ihrer Familie zu reflektieren und positiver in die Zukunft zu schauen.

6.2.4 Grundlagen von STEP

Dieses Elterntraining basiert auf der Individualpsychologie von Alfred Adler (1870-1936). Er geht von der Gleichwertigkeit aller aus, also von Eltern und Kindern. Das Dazugehörigkeitsgefühl wird als der Hauptantrieb jedes Einzelnen betrachtet. Rudolf Dreikurs (2000), einer der bedeutendsten Schüler Adlers, stellte dazu fest: „Nur wenn wir uns als gleichwertig fühlen, können wir uns unseres Platzes in der Gemeinschaft sicher sein und das notwendige Gefühl der Zusammengehörigkeit entwickeln" (S. 23).

Dreikurs forschte Jahrzehnte lang mit Familien und entwickelte hierbei die vier Ziele des Fehlverhaltens: „Aufmerksamkeit, Macht, Rache und Beweis der Unfähigkeit" (Kühn / Petcov 2005, S. 67). Dreikurs ist der Auffassung, dass das Kind versucht, wenn ein Gemeinschaftsgefühl fehlt, durch ein negatives Verhalten diese Zugehörigkeit wieder aufzubauen. Ebenfalls sind Anteile des personenzentrierten Ansatzes von Carl R. Rogers (1902-1987) wiederzufinden, wobei es um eine „wertschätzende und kooperative Gestaltung von Beziehungen geht" (Tschöpe-Scheffler 2003, S. 120f.) Auch Anteile des Gordon-Elterntrainings sind in diesem Programm zu finden.

Insgesamt lässt sich feststellen, dass verschiedene Richtungen auf die Entwicklung des Trainings eingewirkt haben, besonders aber die individual- und die humanistische Psychologie.

6.2.5 Zielgruppen

„Grundsätzlich ist STEP ein Programm, das allen Eltern bzw. Erziehenden nützt" (Kühn / Petcov 2005, S. 69). Das STEP-Programm ist sowohl als präventives Programm konzipiert, um Eltern weiterzubilden, aber auch für Eltern mit mehr oder weniger großen Erziehungsproblemen. Für pädagogische Fachkräfte wird ein besonders auf den Arbeitsbereich zugeschnittenes Programm angeboten.
Des Weiteren unterscheiden die Herausgeberinnen nach:

  a) „dem Bedarf der Eltern hinsichtlich ihrer Erziehungskompetenz und Verantwortungsbereitschaft" (ebd.),
  b) „dem Bildungsniveau / der sozialen Schicht der Eltern" (ebd.),
  c) „der kulturellen / gesellschaftlichen Integration der Eltern" (ebd.).

a) Bedarf der Erziehungskompetenz und Verantwortungsbereitschaft
Bei diesem Aspekt wird zwischen pro-aktiven, entmutigten und verzweifelten Eltern unterschieden. Während die pro-aktiven Eltern insgesamt gut mit ihren Kindern zurechtkommen, aber erkannt haben, dass sie immer noch dazulernen können, haben die entmutigten Eltern zuweilen mit Kooperations- und Machtproblemen zu kämpfen. Den verzweifelten El-

tern wurde das Programm meist von anderen Fachleuten empfohlen, da sich die Kinder oft bereits in Erziehungshilfe oder Beratung befinden. Diese Kinder sind vielfach sehr aggressiv und unkooperativ.

b) Bildungsniveau und soziale Schicht
In diesem Punkt wird zwischen bildungsungewohnten Eltern, die oft aus sozial benachteiligten Bevölkerungsgruppen stammen und bildungsgewohnten Eltern unterschieden. In dem Kurs mit bildungsungewohnten Eltern wird ohne vorherige Vorbereitung seitens der Eltern sofort mit Hilfe des Videos die Thematik erklärt und geübt. Bildungsgewohnte Eltern bereiten sich im Vorfeld schon auf die Sitzung vor, indem sie bereits das jeweilige Kapitel im Buch gelesen haben. Das führt dazu, dass diese Eltern von Beginn an die Verantwortung für ihren Veränderungsprozess übernehmen können, da sie durch Selbststudium und Selbstreflexion die Möglichkeit erhalten.

c) Kulturelle und gesellschaftliche Integration
In diesem Bereich hat sich gezeigt, dass es besonders positiv ist, wenn der STEP-Kursleiter aus dem selbem kulturellen Kreis kommt wie die Eltern. Dies erleichtert enorm den Zugang und die Eltern erfahren „eine für die Integration in unsere Gesellschaft notwendige Akzeptanz und Würdigung" (Kühn / Petcov 2005, S. 70).

6.2.6 Evaluative Ergebnisse zum STEP-Elterntraining

In den USA ist der STEP-Elternkurs das am meisten evaluierte Elterntraining mit 61 Studien. Die Ergebnisse wurden von David Gibson (1999) zusammengefasst. Er beschreibt, dass die Studien zwar am häufigsten mit Durchschnittsfamilien durchgeführt wurden, das Elterntraining aber auch bei Familien mit niedrigem sozialökonomischen Status, Pflegeeltern und Alleinerziehenden erfolgreich angewandt wurde. Außerdem wurden bei der Evaluation, sozial auffällige Kinder, Kinder mit Entwicklungsstörungen und Behinderungen berücksichtigt. Es erscheint eindeutig, dass alle Eltern und auch Kinder von diesem Elternkurs profitiert haben. Das Training hat positive Auswirkung auf die familiäre Kommunikation und auf die reflexive Steuerung von Erziehungsprozessen, außerdem ist das Programm flexibel und generalisierbar. Hinzuweisen ist darauf, dass diese Studien eher oberflächlich und global bleiben.

Die erste deutsche Studie zu STEP wird gerade unter der Leitung von Prof. Dr. Hurrelmann an der Universität Bielefeld durchgeführt und voraussichtlich Mitte 2007 beendet sein. Die ersten Ergebnisse möchte ich hier jedoch vorstellen. Der Ausgangspunkt des Evaluationsinteresses liegt zum einen in der Erreichbarkeit des Programms, d.h. auch bezogen auf sozial benachteiligte Familien und dem klassischen Wirksamkeitsnachweis. Insgesamt gliedert sich diese Evaluation in eine „Prozess- und Strukturevaluation und einen ergebnisevaluativen Teil" (Hurrelmann et al. 2005, S. 22). Bei der Prozess- und Strukturevaluation geht es um Fragen nach der Bedarfsgerechtigkeit, den strukturellen Rahmen, die Akzeptanz von Elternkursen in der Bevölkerung, aber auch Vergleiche zwischen „typischen STEP-Nutzern und Nicht-Nutzern" (ebd.). Um eine Nutzergruppe zu analysieren, werden nahezu alle Eltern, die an einem STEP-Kurs teilnehmen, in einer bundesweiten Elternbefragung erfasst. Besonders werden sozio-demografische Daten, aber auch Gründe, Motive und die Erwartungen an einer Teilnahme erfasst.

Der ergebnisevaluative Teil, der den STEP Trainingserfolg messen soll, bildet den zweiten Schwerpunkt dieser Studie. Hier wird untersucht, bei wem und wodurch das Training wirksam ist. Zur genauen Stichprobe der gesamten Studie, siehe Anhang 6.

Die ersten Auswertungen beziehen sich auf Fragebögen von N=245 Elternteile, die in den Jahren 2001-2005 an einem STEP- Kurs teilgenommen haben. Der Fragebogen, der vorrangig die Beurteilung des Programms abfragt, widmet sich auch dem Erreichen der eigenen Ziele in Form eines vierstufigen Ratings. Außerdem gibt es Fragen, ob Eltern das Erlernte weiter anwenden werden, zur Rekrutierung und den Unterrichtsstil des Kursleiters. Als Ergebnis lässt sich feststellen, dass STEP von den Eltern unbestritten als systematische und zeitmäßige Erziehungsmethode angesehen wird. Nicht so eindeutig ist das Item, ob STEP 'leicht lernbar' ist. Hier antworteten immerhin ein Viertel der Befragten mit 'einigermaßen'. Deutlich sind da wieder die Ergebnisse der Beurteilung nach Kapiteln. Die besten Werte erhalten die Kapitel: 'Ermutigung' (Note: 1,45) und 'Aktives Zuhören' (Note: 1,5). Hurrelmann et. al. schließen daraus, dass das Kapitel 'Was machen wenn...' am schlechtesten (Note 1,8) abgeschlossen hat, da sich die Eltern evtl. mehr pragmatische Ratschläge für den Alltag wünschen. Sollte dies allerdings so sein, stände es im Widerspruch zu der Kritik am Triple P, dass es zu ‚kochbuchhaft' ist. Denn das scheinen die Eltern dann ja vorzuziehen. Dieser Punkt wird in der folgenden Forschung noch zu überprüfen sein.

Interessant ist noch zu bemerken, dass bei der Beurteilung der Unterrichtsmethoden und Materialien, der STEP-Trainer selbst die beste Durchschnittsnote erreicht hat (1,39). Hingegen wurde das eingesetzte Video mit Abstand am schlechtesten beurteilt (Note: 2,65). Die Mehrzahl der Teilnehmer äußerte sich kritisch dazu, da es zu amerikanisch und unrealistisch sei. Auch hier ist wieder zu bemerken, dass eben dies, Deegener und Hurrelmann (2002) an dem Triple P-Video verurteilten. Insgesamt betrachtet sind die bisherigen Ergebnisse durchweg positiv, denn „100% der Eltern werden STEP auch weiter in ihrer Familie anwenden [und] ebenso 100% der Eltern werden STEP weiterempfehlen" (Hurrelmann et al. 2005, S. 43).

Die Charakterisierung des Kursleiters durch die Teilnehmer stellte Fähigkeiten wie: „einfühlsam", „verständnisvoll" und ermutigend" heraus, außerdem sei das Programm „strukturiert, schlüssig und konsequent" (Hurrelmann et al. 2005, S. 43). Auch hierdurch wird wieder das Selbstverständnis des STEP-Programms als ein systematisches Programm bestätigt.

Abschließend ist festzuhalten, dass die meisten Teilnehmer mit diesem Kurs absolut zufrieden sind. Dennoch fällt es einem Drittel schwerer, die Methoden zur Erziehung zu erlernen. Um welche Gruppe es sich hier handelt, ist noch nicht näher erforscht, dies wird in der Hauptuntersuchung nachgeholt. Außerdem wird sich in einer Follow-up-Befragung nach drei Monaten zu der Fall-Kontroll-Studie (B) zeigen, ob eine vermutete positive Entwicklung messbar ist. Dieser Trainingseffekt wird von vielen Kursleitern berichtet.

Diese Studie hebt sich von anderen deutschen Studien ab, da sie als verhältnismäßig pragmatisch und feldorientiert eingestuft werden kann. In dieser Studie werden viele Erkenntnisquellen und auch die Erfahrungen der Kursleiter genutzt. Dennoch stehen die Hauptergebnisse aus und es bleibt abzuwarten, ob diese auch so durchgehend positiv sein werden.

6.2.7 Kritik am STEP-Elternkurs

Ich denke, dass dieser Elternkurs für bildungsgewohnte Eltern bestimmt sehr hilfreich sein kann. Sie erhalten eine Menge theoretischen Input, den sie sicherlich verstehen und in ihren Erziehungsalltag integrieren können. Mit Hilfe von Rollenspielen und Diskussionen haben sie dann die Möglichkeit, problematische Situationen noch einmal aufzuarbeiten und Lösungen zu finden.

Problematisch finde ich die Möglichkeit, sich das Wissen durch Buch und Video anzueignen. Die Eltern werden beim Zusehen, immer aufgefordert, das betreffende Kapitel im Buch aufzuschlagen, um dann dort das Gesagte zu verfolgen. Dies ist in der Realität gar nicht möglich, da man so ständig nur am Stoppen des Bandes wäre. Außerdem kann ich mir nur schwer vorstellen, dass Eltern nur durch das Gelesene und die Beispiele im Film ihre Erziehungskompetenzen erweitern können. Sollte dies möglich sein, dann auch nur sicherlich für bildungsgewohnte Eltern.

Dennoch kann ich die Kritik von Deegener und Hurrelmann an dem Triple P-Video nicht verstehen. Sie kritisierten, dass hier einfach das australische Video ins Deutsche übersetzt und nicht an die deutschen Verhältnisse angepasst wurde. Doch auch das STEP-Video wurde nur synchronisiert. Es wäre sicherlich sehr sinnvoll, auch für STEP ein deutsches Video zu erstellen, das didaktisch auch besser zum Selbststudium geeignet ist.

Auch Eltern, die an diesem Elternkurs teilnehmen, bedürfen einer hohe Motivation, da dieser Kurs über 10 Wochen angelegt ist. Dies kann zur Folge haben, dass einige Eltern nicht den ganzen Kurs besuchen (können). Ferner ist dieses Konzept mit 190,- Euro pro Person und 300,- Euro pro Paar aus finanziellen Gründen nicht allen zugänglich. Hier stellt sich schnell die Frage, welche finanziell schlechter gestellten Familien sich diesen Kurs leisten können? Dies hat zur Folge, dass diese Eltern nicht oder nur unzureichend erreicht werden können.

Ein wichtiger Aspekt dieses Kurses ist der Austausch der Eltern untereinander. Hierbei besteht auch die Chance, dass sich die teilnehmenden Eltern nach dem Kurs weiterhin treffen, um über die Erziehung zu diskutieren und sich Ratschläge und Hilfen zu geben.

Insgesamt ist dieser Kurs vielschichtiger, als beispielsweise Triple P, da er mehr Ansätze miteinander vereint. Nicht geeignet ist er für Eltern, die schnell nach einer Lösung ihrer Probleme suchen. Thematisch könnten mit diesem Kurs wahrscheinlich auch bildungsungewohnte Eltern angesprochen werden, da sie immer wieder die Möglichkeit haben, das Erlernte in Rollenspielen zu üben und es so in ihre Erziehung zu integrieren. Durch den Austausch haben die Familien auch schon im Kurs die Möglichkeit, die Methoden an ihre Familie anzupassen und müssen dies nicht allein zu Hause tun. Dennoch bleibt nicht zuletzt das Problem der Finanzierung.

Wichtig finde ich bei STEP, dass es ganz klar bei Veränderung der Einstellungen der Eltern ansetzt und nicht zuerst die Kinder verändern will. Es wird davon ausgegangen, dass durch die Einstellungsveränderung der Eltern sich auch das Verhalten der Kinder verändert.

Auch ist für mich die Ermutigung ein wichtiger Aspekt in diesem Elternkurs. Eltern werden aufgefordert, ihre Kinder nicht nur zu loben, sondern auch zu ermutigen. Besonders gut finde ich bei der Ermutigung, dass die Kinder sich diese nicht verdienen müssen und deshalb besonders wertschätzend sind. Des Weiteren ist es effektiv für Eltern, 'Ich-Botschaften' kennen zulernen und diese auch einsetzen zu können. Diese erleichtern es den Eltern ungemein, eigene Gefühle, sowohl positive als auch negative, kundzutun und nicht das Kind als Person zu kritisieren.

Auch die Einteilung in drei Altersstufen für die Elternkurse erscheint mir gut gelöst. Während es bei anderen Elternkursen dazu kommen kann, dass es sehr unterschiedliche Altersstrukturen gibt, ist das bei STEP eingegrenzter. Dies erscheint mir sinnvoll, da Eltern mit Kindern unterschiedlicher Altersstufen unterschiedliches Erziehungswissen benötigen. Dazu gehört, dass besonders Eltern von Kleinkindern, besonders über die Entwicklungsphasen aufgeklärt werden müssen, während sich bei Schulkindern ganz andere Probleme ergeben können. So bekommen die Eltern genau die Informationen, die sie für ihre Kinder benötigen.

Wie bereits bei Triple P beschrieben wurde, sind die Methoden, die den Eltern als letzte Möglichkeit an die Hand gegeben werden, teilweise problematisch. Auch STEP stellt den Eltern eine sogenannte 'STOP-Regel' vor, wenn Kinder Wutanfälle zeigen oder Schlagen und anders nicht zu erreichen sind. Dieser Methode kann ich schon eher zustimmen, als den 'Auszeitmethoden' von Triple P. Die Kinder werden zwar auch hier in einen anderen Raum gebracht, er muss aber nicht neutral und reizarm sein, sodass auch das Kinderzimmer in Betracht kommt. Außerdem kann das Kind, während dieser Zeit ruhig im Zimmer spielen und nach der vereinbarten Zeit das Zimmer selbstständig verlassen. So behält das Kind viel mehr Kontrolle, als wenn es z.B. im Badzimmer sitzen muss und nach der besprochenen Zeit wieder abgeholt wird. Wenn keine andere Methode mehr greift, ist es sicherlich sinnvoll die 'STOP-Regel' zu benutzen, damit sich alle Beteiligten wieder beruhigen können und es nicht zu Gewaltanwendungen kommt.

Insgesamt finde ich dieses Elterntraining schon sehr ansprechend, da hier besonderen Wert auf den demokratischen Erziehungsstil gelegt wird. Durch Rollenspiele und Diskussionen wird der Transfer in die Familie erleichtert und der Kurs generalisierbarer.

6.3 „Starke Eltern – Starke Kinder"
Der Elternkurs des Deutschen Kinderschutzbundes

Dieser Elternkurs wurde vom Finnischen Kinderschutzbund unter der Leitung des Programmdirektors Toivo Rönkä entwickelt. Auf dieser Basis wurde das Konzept weiterentwickelt und seit 1985 im Aachener Kinderschutzbund erprobt. Seit dem Jahr 2000 läuft der Kurs unter dem Namen: „Starke Eltern – Starke Kinder" unter der Federführung des Deutschen Kinderschutzbundes.

Der Kurs basiert auf unterschiedlichen theoretischen Grundlagen: Zum einen kommen systemtheoretische Ansätze zum Tragen, des Weiteren kommunikationstheoretische Ansätze von Paul Watzlawik. Außerdem beinhaltet es Grundlagen Inhalte, die auf Grundlagen der humanistischen Psychologie (Thomas Gordon) sowie anderen gesprächstherapeutische Ansätze von C. Rogers und familientherapeutische Grundlagen nach Minuchin. Außerdem Grundlagen der Individualpsychologie nach Alfred Adler.

6.3.1 Grundorientierung / Ziele

Die Grundorientierung des Kinderschutzbundes:

- „Kindorientierung: Das Kind ist Subjekt mit dem Recht auf Entwicklung, Versorgung, Schutz und Beteiligung.
- Familienorientierung: Familie ist der primäre Entwicklungs- und Erfahrungsort für Kinder.
- Lebensweltorientierung: Der Komplexität der Lebenssituation von Familien und dem Einfluss der Umgebung auf die Gestaltung des Familienlebens wird Rechnung getragen.
- Ressourcenorientierung: Förderung der Stärken der Eltern und ihrer Partizipation (Lebensgestaltung) ist der wichtigste Grundsatz" (Honkanen-Schoberth 2005, S. 43).

Der Blick in diesem Elternkurs ist stets auf die Ressourcen der Eltern und der Kinder gerichtet, d.h., der Ansatz ist nicht defizitorientiert, sondern es geht hier um Ressourcenmobilisation. Außerdem sollen sich Eltern in diesem Kurs mit ihren eigenen Wertvorstellungen auseinander setzen und erfahren, wie man mit dem anleitenden Erziehungsstil seine Kinder positiv erzieht. Im Vordergrund stehen dabei immer die Rechte und Bedürfnisse des Kindes im Sinne der UN-Kinderrechtskonvention und des §1631 BGB, Absatz 2: das Gesetz zur Ächtung der Gewalt in der Erziehung.

6.3.2 Ablauf

Der Elternkurs besteht aus zehn bis maximal zwölf Sitzungen, bei denen die Teilnehmerzahl nicht mehr als 16 Personen betragen sollte. Das Konzept ist in fünf aufeinander aufbauende Stufen eingeteilt, zu denen jeweils eine Leitfrage gestellt wird:
1. Welche Wertvorstellungen und Erziehungsziele habe ich?
2. Wie kann ich das Selbstwertgefühl des Kindes stärken?
3. Wie kann ich meinem Kind bei Problemen helfen?
4. Wie kann ich meine Bedürfnisse ausdrücken?
5. Wie können Konflikte in der Familie gelöst werden?

Während der Kurse werden den Eltern Theorien vermittelt, mit anschließender Selbsterfahrung. Es gibt als abwechselnd kurze Inputs mit Hilfe von Folien und Texten und den Austausch eigener Erfahrungen in Kleingruppen. Durch Übungen können dann die Inhalte vertieft und bis zur nächsten Sitzung in der Familie ausprobiert werden.

Im Folgenden befasse ich mich mit den einzelnen Sitzungen, die unter dem Motto der jeweiligen Leitfrage stehen:

1. Wertvorstellungen und Erziehungsziele
In diesem ersten Block wird sich vor allem mit den Erziehungsstilen befassen. Eltern erfahren, wie sich die Erziehungsstile im Laufe der Jahre vom autoritären zum anti- autoritären Erziehungsverhalten gewandelt haben. Doch es wird auch festgestellt, dass beide Orientierungen Eltern im Alltag nicht den nötigen Halt geben. Deshalb wird in die-

sem Elternkurs der anleitende Erziehungsstil eingebracht. Der wichtigste Merksatz ist hier: „Eltern dürfen und sollen Eltern sein!" (Honkanen-Schoberth 2002, S. 16). Gemeint ist, dass Eltern in ihrer Erwachsenen-Rolle verbleiben sollen und aufgrund ihrer Erfahrungen und des Alters für ihre Kinder ein Vorbild und eine Autorität darstellen (vgl. ebd.). Nachfolgend werden die Eltern dazu angeregt, sich selbst zu fragen, welche Wertvorstellungen und Erziehungsziele sie denn selber haben, aber auch darüber nachzudenken, wie es mit denen des Partners und der Großeltern aussieht. Die nächste Frage ist, die sich alsbald stellt, wie diese Werte den Kindern vermittelt werden können. Dazu hat Honkanen-Schoberth (2002) unter dem Motto: „Vorbild sein dringt tiefer als Worte" eine Pyramide der Einflussnahme vorgestellt (S. 30):

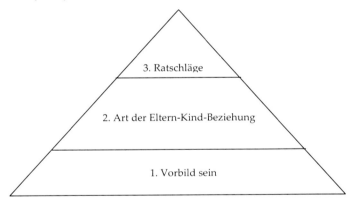

Diese Pyramide stellt die Ebenen der Einflussnahme in der Erziehung dar. Deutlich wird hier, dass Kinder am meisten davon beeinflusst werden, welches Vorbild Eltern abgeben. Dies gilt sowohl für positive als auch für negative Vorbilder. Ein weiterer Faktor, ob Kinder bereit sind, sich beeinflussen zu lassen, hängt von der Art der Beziehung ab, d.h., in welchem Maße sich Eltern um das Kind kümmern. Am wenigsten gut funktioniert die Einflussnahme über Worte, zumindest dann, wenn die dritte Ebene nicht im Einklang mit den beiden anderen Ebenen steht.

2. Selbstwertgefühl

Das erste Motto zum Thema Stärkung des Selbstwertgefühls lautet: „Achten Sie auf die positiven Seiten Ihres Kindes" (Honkanen-Schoberth 2002, S. 34). Die implizite Aufgabe, sich stärker auf die positiven Seiten des Kindes, aber auch des Partners zu konzentrieren, wird in dieser schnelllebigen Zeit als sehr wichtig angesehen. Damit Kinder ein positives starkes Selbstbild aufbauen können, ist es wichtig, dass sich Eltern überlegen, welche Kommunikationsmuster und Beziehungsmuster für diese Entwicklung förderlich sind. Auch Einflüsse außerhalb der Familie tragen zur Entwicklung und Stärkung des Selbstwertgefühls bei Kindern, aber auch bei Erwachsenen bei. Für jeden Menschen ist es wichtig, Bestätigung, Anerkennung und Erfolg zu haben. Deshalb sollten Eltern Aktivitäten und Fähigkeiten ihrer Kinder, aber auch ihre eigenen fördern. Eine weitere Voraussetzung zur Entwicklung eines stabilen Selbstwertes ist auch die Befriedigung der Bedürfnisse. Im Kurs schauen sich die Eltern ihre Bedürfnisse und die Bedürfnisse ihrer Kinder an und kommen zu dem Ergebnis, dass diese meist identisch sind. Hervorgehoben wird in diesem Zusammenhang, dass Eltern sich nur um die Bedürfnisse der Kinder kümmern können, wenn sie auch ihre eigenen Bedürfnisse beachten.

Das Konzept benennt drei wichtige Bedürfnisse des heranwachsenden Kindes. Besonders wichtig für die Entwicklung ist, dass es Liebe und Zuneigung erfährt. Das Kind muss immer wieder auf ein Neues erfahren, dass es geliebt wird. Dies kann durch schmusen, kuscheln, toben, streicheln etc. geschehen. Auch die Liebe zwischen den Eltern, die das Kind erfährt, ist wichtig, um sich selbst zu lieben und Liebe geben zu können. Ein weiterer wichtiger Punkt ist die Annahme, d.h., das Kind muss die Sicherheit haben, dass es so wie es ist angenommen wird. Außerdem brauchen Kinder das Vertrauen in ihre Eltern. Nur mit einem starken Urvertrauen, das von den Eltern nicht enttäuscht wird, können sie Selbstvertrauen entwickeln.

Doch da Kinder nicht immer nur friedlich und lieb durchs Leben gehen, sollen Eltern dazu befähigt werden, mit den Kindern umzugehen, wenn sie Unfug gemacht haben. Dazu werden ihnen sieben Feedbackregeln an die Hand gegeben, die ihnen dabei helfen sollen, sowohl positivem als auch negativem Verhalten zu entgegnen. In diesem Feedback haben die Eltern Möglichkeiten, ihre Kinder zu ermutigen und aufzubauen. Sie können zeigen, was richtig ist aber hiermit auch Grenzen setzen. Diese Feedbackregeln werden anhand von Beispielen in der Elterngruppe verdeutlicht. Im Verlauf dieser Sitzung werden die Eltern noch aufgefordert, einen Fragebogen zur Selbsteinschätzung auszufüllen und sich Gedanken über das eigene Feedback zu machen.

3. Was tun bei Problemen?
Diese Sequenz steht unter dem Motto: „Man kann nicht die emotionalen Probleme des anderen lösen" (Honkanen-Schoberth 2002, S. 56). Das Ziel dieses Elternkurses ist es, starke Kinder erziehen zu wollen. Kinder werden aber nur stark, wenn sie die Möglichkeit haben, eigene Lösungswege für Probleme herauszufinden und zu entwickeln. Eltern sollten sich etwas zurücknehmen, um zu zeigen, dass sie die Gefühle der Kinder ernst nehmen, denn das zeigt Respekt und Vertrauen. Dennoch sollten Kinder mit der Lösung ihrer Probleme nicht stets allein gelassen werden. Wenn das Kind mit einem Problem zu seinen Eltern kommt, sollen diese darauf schon reagieren.

Hier können sieben typische Reaktionsweisen beobachtet werden:

1. „bestimmende Reaktionsweise"
2. „interpretierende Reaktionsweise"
3. „ignorierende, resignierende Reaktionsweise"
4. „hinwegtröstende Reaktionsweise"
5. „unkritische Reaktionsweise"
6. „analysierende Reaktionsweise"
7. „verstehende, einfühlsame Reaktionsweise" (ebd. S. 59)

Im Anschluss an diese Aufstellung werden Beispiele für die jeweilige Reaktionsweise gegeben, mit der Aufgabe zu prüfen, ob die Eltern sich bei den Reaktionen wiederfinden können. Empfohlen wird den Eltern eine Kombination aus analysierender und einfühlsamer Reaktion, da diese besonders geeignet erscheint, eine vertrauensvolle Beziehung zu fördern. Sie gibt dem Kind die Möglichkeit, selbstständig mit Unterstützung der Eltern eine Lösung des Problems zu finden. Eine weitere wichtige Fähigkeit, die die Eltern bei Problemsituationen ihrer Kinder anwenden können, sind Empathie, aktives Zuhören und das gemeinsame Suchen nach Lösungen. Denn erst, wenn das Problem für alle Beteiligten verstehbar ist, kann nach Lösungen gesucht werden. Den Eltern wird in dieser Sequenz deutlich gemacht, welche Fragen sie anleitend stellen und wie diese formuliert werden können. Wichtig an dieser Stelle ist besonders, dass Eltern ihren Kindern zutrauen, mit altersgerechten Problemen fertig zu werden. Abschließend zu diesem Motto erhalten die Eltern noch die Aufgabe, ihrem Kind in den nächsten Tagen ganz bewusst einfühlsam zuzuhören.

4. Bedürfnisse ausdrücken!

Das Motto dieser Einheit lautet: „Fangen Sie in einer Konfliktsituation bei sich selber an und erwarten Sie nicht, dass der andere sich zuerst verändert" (Honkanen-Schoberth 2002, S. 76).

Unter der Fragestellung, „Was mache ich, wenn ich Probleme habe?", geht es im weiteren um die Bedürfnisse der Eltern. Es wird hier den Eltern deutlich gemacht, dass die Familie eine Verhandlungsgemeinschaft ist, in der jeder seine Bedürfnisse hat, die zu einem Konsens führen müssen. Wenn Eltern ihren Bedürfnissen keine Aufmerksamkeit schenken, entstehen immer mehr Frustrationen mit Lustlosigkeit, Unzufriedenheit bis hin zur Wut. Einige Bedürfnisse, wie z.B. nach Schlaf und Ruhe, können bei sehr kleinen Kindern zu kurz kommen. Häufige Folge davon ist nicht zuletzt Partnerstreitigkeiten, Schuldzuweisungen an die Kinder und ungeduldiges bis unbeherrschtes Reagieren. Geraten wird den Eltern gerade in dieser Zeit, sich mit Freunden auszutauschen oder professionelle Beratung in Anspruch zu nehmen. Eltern sollen hier mobilisiert werden, „sich auf die Suche zu machen, um nicht auf Dauer „müde und jammernd" zu bleiben" (ebd. S. 79). Hier ist die Rede von sogenannten „selbst angeschafften Müdigkeitsmachern" (ebd.), wie zu viel Stress im Beruf, zu viele Aufgaben, von denen die Eltern sich distanzieren sollten. Diese fördern, dass sich Wut und Frust ansammeln können.

Die Autorin führt hier eine Wuttreppe an, die zeigen soll, wie sich Wut steigern kann, aber dass es immer auch noch einen Ausweg gibt.

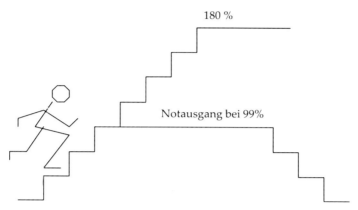

Wuttreppe (Honkanen-Schoberth 2002, S. 81)

Diese Nottreppe wird den Eltern vorgestellt, um zu zeigen, dass es immer die Entscheidung gibt, den Notausgang zu wählen, bevor man bei 180% angekommen ist. Die Aufgabe der Eltern ist es, diesen Ausgang zu finden, bevor die Kinder beschimpft oder geschlagen werden. Deshalb wird Eltern geraten, ihre Vorstellungen eindeutig und klar zu äußern und auch Veränderungen zu bewirken. Besonders betont wird nochmals in diesem Zusammenhang, dass Eltern für ihren eigenen Kräftehaushalt selbst verantwortlich sind, d.h., jeder Elternteil sollte sich Gedanken darüber machen, wie er seine Kräfte wieder auftanken kann. Denn wer sich seinen Kindern stets opfert, lässt so eine Kultur der Dankbarkeit entstehen, die es den Kindern nicht leicht macht, damit umzugehen.

Nach dem Motto: „Alle Gefühle sind erlaubt und werden akzeptiert" (Honkanen-Schoberth 2002, S. 85), sollte es für Eltern ein Ziel sein, Gefühle und Gedanken angemessen artikulieren zu können. Auch hier sollten sich Eltern ihrer Vorbildfunktion bewusst sein, denn dieses Motto gilt sowohl für Kinder als auch für Eltern. Für Eltern gibt es hier allerdings eine Einschränkung, denn es sind zwar alle Gefühle erlaubt, aber nicht alle Verhaltensweisen, die mit diesen Gefühlen einhergehen. Hierbei ist die Aufrichtigkeit ein ganz zentrales Element. Besonders Double Bind-Situationen verunsichern Kinder, da sie die Situation nicht mehr richtig einschätzen können. Eltern wird deshalb geraten stets aufrichtig zu sein und Inhalt der Aussage mit dem Gesichtsausdruck stets kongruent zu halten. Die sogenannte Entlastung von Schuld kann für Kinder manchmal besonders hilfreich sein. Deshalb sollten Eltern, wenn sie schlecht gelaunt sind, ihren Kindern sagen, dass es nichts mit ihnen zutun hat, denn Kinder denken oft, dass sie schuld sind und geraten in innere Unruhe. Das kann dann zur Folge haben, dass sie quengeln und schon schaukelt sich die ganze Situation womöglich bis zur Eskalation hoch.

In der folgenden Sequenz werden Kommunikationsgrundlagen angesprochen, um eigene Wünsche, Bedürfnisse und Gefühle zum Ausdruck bringen zu können. Den Eltern wird das Prinzip und die Nutzen der „Ich-Botschaften" vorgestellt, um Bedürfnisse ohne Vorwürfe artikulieren zu können. Am Ende dieser Lektion bekommen die Eltern die Aufgabe, sich einmal selbst mit den Situationen, die sie wütend machen, zu beschäftigen und eigene Notbremsen zu suchen. Außerdem sollen sie versuchen bewusst „Ich-Botschaften" einzusetzen.

5. Konflikte in der Familie lösen!

Das Motto zu der letzten Sequenz lautet: „Kann man bei Entscheidungen, die einen selbst betreffen mitwirken, ist man auch eher bereit, sich daran zu halten!" (Honkanen-Schoberth 2002, S. 96).

Die Eltern bekommen Informationen über besonders krisenanfällige Phasen der Kinder (Geburt des ersten oder zweiten Kindes, Trennungen etc.) und den Rat sich bei Problemen mit anderen Eltern auszutauschen oder sich an andere professionelle Hilfe zu wenden.

Um Probleme lösen zu können, muss man erst herausfinden, wessen Probleme es eigentlich sind. Sind es die eigenen, die des Kindes oder des Partners, gibt es Probleme in der Paarbeziehung oder zwischen den Kindern, oder gibt es ein Problem, welches die ganze Familie betrifft? Um diese vielen Fragen besser beantworten zu können, bekommen Eltern Fragestellungen an die Hand, die bei der Suche hilfreich sein können. Die Eltern werden aufgefordert, erkannte Probleme anzusprechen, ohne gleich eine Lösung vorzuschlagen. Im Anschluss daran werden Techniken zur Konfliktlösung vorgeschlagen. Eltern wird geraten, zuerst für ihre eigenen Kräfte zu sorgen, um sich dann Zeit zu nehmen, Gedanken zu sortieren. Um Probleme, die die ganze Familie angehen lösen zu können, ist das miteinander Reden und Verhandeln wichtig. Nur wenn ich miteinander verhandle und nicht über andere Köpfe hinweg entscheide, zeige ich jedem anderen Mitglied der Familie den nötigen Respekt.

Um dieses Problem dann zu lösen, werden den Eltern sieben Schritte zur Konfliktlösung zur Verfügung gestellt. Zuerst muss der Konflikt definiert werden, d.h. wie sieht das Problem aus und wer ist davon betroffen? Dann sollten Ziele gesetzt und Vorschläge zur Lösung wertfrei gesammelt werden. Nach der Sammlung folgt das Abwägen dieser und die Prüfung, ob der Vorschlag überhaupt durchführbar ist.

Nun sollten Abmachungen getroffen werden, evtl. mit Vereinbarung einer Probezeit. Es sollte weiterhin beobachtet werden, bei Einhaltung gibt es positives Feedback. Da es aber nicht immer die nötige Zeit gibt, um Konflikte nach dem siebenstufigen Modell zu lösen, wird noch ein dreischrittiges Modell angeboten: Zuerst wird die Situation geschildert, darauf folgt die Frage, was wir nun tun können? Auch hier sollen die Betroffenen selbst Vorschläge finden und vorbringen. Erst, wenn das Kind keine Vorschläge hat, dann sollten Eltern Alternativen vorschlagen.

Ein häufiges Missverständnis tritt auf, wenn Eltern denken, dass beim anleitenden Erziehungsstil jeder das machen kann was er möchte, ohne Rücksicht zu nehmen. Doch so ist dies nicht gemeint. Kindern zu vermitteln, dass man die Würde des anderen Achten muss, ist ein ganz wichtiger Erziehungsauftrag. Deshalb ist es notwendig, dass Eltern ihnen immer wieder klar machen, dass man andere mit Respekt und Rücksichtnahme behandelt. Dies müssen Eltern ihren Kindern aber auch vorleben, denn nur so können sie dies in ihre Persönlichkeit integrieren. Zum anleitenden Erziehungsstil gehört es auch und gerade, Grenzen zu setzen. Aus diesem Grund sollten sich Eltern nicht von ihren Kindern beschimpfen lassen und dies ignorieren, sondern bestimmt darauf reagieren und zum Ausdruck bringen, dass sie nicht möchten, dass so mit ihnen gesprochen wird. Das Motto: „Verzichten Sie auf Macht, und Sie gewinnen an Einfluss!" (ebd. S. 118) unterstreicht einen wichtigen Hinweis: Eltern sollten in so einer Situation bestimmt auftreten und klare, kurze Aussagen und Begründungen artikulieren.

Ein wirklich sehr kurzer Abschnitt befasst sich mit dem Thema Strafe. Eltern werden die Folgen von Strafe aufgezeigt. Kinder, die mit Schlägen und Strafen erzogen werden lernen, dass dies ein adäquates Mittel ist, um Konflikte zu lösen und wenden diese „Mittel" dann selbst an. Außerdem schafft Strafe eine Distanz zwischen Eltern und Kind. Dies kann bis zu einem Kontaktabbruch führen. Insgesamt lässt sich feststellen, dass Strafen eine seelische und geistige Weiterentwicklung bremsen, denn unter Angst kann kein Kind lernen.

Um eine Übersicht über den ganzen Kurs zu bekommen, möchte ich hier noch einmal die Mottos zu den jeweiligen Sitzungen aufführen:

1. Abend: Auf die positiven Seiten des Kindes achten!
2. Abend: Die Vorbildfunktion dringt tiefer als Worte!
3. Abend: Zum Wachsen brauchen Kinder Anerkennung, Liebe und Vertrauen!
4. Abend: Wenn du dich verstecken willst, verstecke dich nicht zu gut, irgendwann musst du dich selbst wiederfinden.
5. Abend: Sprache schafft Wirklichkeit!
6. Abend: Hör dem Kind mehr zu, dann verstehst du es besser!
7. Abend: Die emotionalen Probleme anderer kann man nicht lösen!
8. Abend: Es sind alle Gefühle erlaubt und werden akzeptiert!
9. Abend: In einer Konfliktsituation sollte jeder erst bei sich anfangen und nicht von anderen den ersten Schritt erwarten.
10. Abend: Wenn man auf Macht verzichtet, gewinnt man an Einfluss.
11. Abend: Wenn man Beschlüsse, die einen selbst betreffen, mitentscheiden kann, ist man auch eher bereit, sie einzuhalten!
12. Abend: Wenn du es eilig hast, mache einen Umweg!

Wie bereits oben erwähnt, gibt es auch das Format, das 10 Abende umfasst. Je nach den Bedürfnissen der Gruppe können einige Themen stärker und andere weniger behandelt werden.

Insbesondere von der Haltung der Kursleitung hängt es ab, ob ein Elternkurs wirkungsvoll ist. In dem Curriculum für die Multiplikatorenschulung ist besonders hervorgehoben, dass die Haltung deutlich von Anerkennung, Respekt und Vertrauen geprägt sein muss. Da dies ein ressourcenorientiertes Elterntraining ist, soll ganz gezielt an „den positiven Erziehungsleistungen der Eltern angesetzt werden [ansetzen]" (Tschöpe-Scheffler 2003, S. 128). Obwohl manchmal der Eindruck entsteht, wird in einem Elternkurs nicht therapeutisch gearbeitet, sondern es soll der anleitende Erziehungsstil vermittelt werden.

6.3.3 Anwendungsbereiche

Im Unterschied zu den zwei anderen Elternkursen, mit denen ich mich in dieser Arbeit beschäftige, gibt es hier keine Einteilung nach dem Alter des Kindes. Der Kurs wird sowohl mit Gruppen von Eltern, deren Kinder gleichen Alters sind, als auch in Gruppen mit Kindern verschiedenen Alters durchgeführt. Das Konzept kann auch für besondere Gruppen z.B. Alleinerziehende, Stiefväter oder Pflege- und Adoptiveltern durchgeführt werden. Die Adaptionen für Eltern mit sozialen Benachteiligungen oder Migrationshintergrund werden zurzeit überprüft und aufgearbeitet.

Der Elternkurs „Starke Eltern – Starke Kinder" beruht als präventives Angebot grundsätzlich auf freiwilliger Basis. Deshalb ist eine Weisung des Gerichts oder eine Anordnung vom Jugendamt, dass Eltern teilnehmen müssen, nicht möglich.
Wie bei allen Elternkursen muss eine Teilnahmegebühr entrichtet werden.

6.3.4 Ergebnisse der Evaluationsstudien

Die ersten beiden Evaluationsstudien, die zur Wirkungsweise von der katholischen Stiftungs-Fachhochschule München unter der Leitung von Dr. Schatz (2000) und in der Fachhochschule Köln von Prof. Dr. Tschöpe-Scheffler (2002) durchgeführt wurden, zeigen identische Ergebnisse.

Ich werde nun die Evaluation der FH Köln vorstellen. Die Versuchsgruppe bestand aus Eltern, die vor Beginn und nach Beendigung des Elternkurses einen Fragebogen ausfüllten. Bei der Ersterhebung existieren 195 Fragebögen, bei der Zweiterhebung nur noch 141 Fragebögen. Bei der Kontrollgruppe wurde zeitgleich die gleiche Befragung in neun Kindertageseinrichtungen durchgeführt. Hier nahmen an der Ersterhebung 112 und an der Zweiterhebung 96 Personen teil. Die Auswertung der demographischen Daten zeigte, dass die meisten Teilnehmer aus mittelschichtorientierten Familien stammten. Zusätzlich zu den Fragebögen wurden die Teilnehmer mit Hilfe eines Tiefeninterviews zu zwei Zeitpunkten befragt. Die erste Befragung fand vor der ersten, die zweite Befragung vor der letzten Sitzung statt. Sie sollten das eigene Erziehungsverhalten und die Erwartung bzw. Bewertung zu dem Kurs angeben. Ferner wurden Kinder im Rahmen eines Aktionstages zu der Einschätzung des Erziehungsverhaltens ihrer Eltern befragt. Dieses wurde durch mündliche Befragung, Handpuppenspiel und Vervollständigung einer Bildergeschichte realisiert.

Das Ergebnis dieser Studie lässt sich in drei große Bereiche untergliedern. Zum einen konnte gezeigt werden, dass Eltern auch schon vor dem Kurs ihren Kindern viel liebevolle Zuneigung gezeigt haben. Unsicher zeigten sie sich im Hinblick auf das Setzen von Grenzen, konsequentem Handeln, gewaltfreie Erziehungsmethoden einsetzen zu können und ihre eigenen Erziehungsfähigkeiten einzuschätzen.

Der zweite Aspekt ist das Wahrnehmen der kindlichen Perspektive, das zu Beginn des Kurses bei den Eltern noch deutlich geringer war. Auch die „Fähigkeit zur differenzierten Einordnung „störenden kindlichen Verhaltens" in einen Gesamtkontext von Situation, Entwicklungsphase des Kindes, eigener Sozialisationsgeschichte und aktueller Befindlichkeit" (Tschöpe-Scheffler 2003, S. 223) war nach dem Kurs ausgeprägter. Nun können die Eltern unterscheiden, welche ihrer bisherigen Verhaltensweisen eine Gewaltanwendung dargestellt haben und sie vermeiden weitestgehend entwicklungshemmendes Erziehungsverhalten. Sie ziehen entwicklungsförderndes Verhalten vor und sind in der Lage, dieses Verhalten teilweise umzusetzen und ihr Verhalten zu reflektieren.

Als ein wesentlicher Kurserfolg stellt sich die Entlastung durch den Austausch mit anderen Eltern in der Gruppe heraus. Insgesamt sei das Familienklima besser geworden und es werde mehr Zeit miteinander verbracht. Auch die Kinder, deren Eltern diesen Kurs besucht haben, stellen deutlich Verbesserungen fest. Da die Eltern nicht mehr so gestresst seien und mehr Geduld aufbringen als früher, mehr mit ihnen unternehmen und weniger mit ihnen schimpfen, beurteilen sie die Erziehung fühlbar besser (vgl. ebd. S. 224).

Der dritte Aspekt der Auswertung macht deutlich, dass es anscheinend sehr viel einfacher ist, entwicklungshemmendes Verhalten abzubauen, als entwicklungsförderndes Verhalten umzusetzen. Den meisten Eltern fiel es auch nach dem Kurs noch schwer, die nötige Konsequenz in ihr Erziehungsverhalten zu integrieren. Ein Großteil der Eltern wünschen sich zukünftig weitere Treffen mit den anderen Eltern, um weiterhin im Austausch zu bleiben und bei schwierigen Situationen unterstützt zu werden.

Interessant ist noch zu bemerken, dass sich auch bei der Kontrollgruppe mehr entwicklungsförderndes Verhalten eingestellt hat. Der Fragebogen, in dem Fallbeispiele angeführt wurden, regte sie an sich mit anderen Eltern darüber auszutauschen und eigenes Verhalten zu reflektieren. Auch hier zeigte sich, dass Austausch mit anderen zu erweiterter Reflexionsfähigkeit und verändertem Erziehungsverhalten führen kann.

Insgesamt kann die Schlussfolgerung gezogen werden, dass es eine signifikante Verbesserung in der Erziehungskompetenz der teilnehmenden Eltern gegeben hat.

Kritisch bemerken Hahlweg und Kessemeier (2003), dass es sich hierbei um eine quasiexperimentelle Prä-Post-Studie handle, deren speziell für diese Studie konstruierten Messinstrumente eine Vergleichbarkeit mit anderen Studien nicht zulässt (vgl. S.165). Des Weiteren können die Ergebnisse nicht angemessen bewertet werden, da schwerwiegende methodische Probleme zu verzeichnen seien. Die Fragebogenskalen seien nicht reliabel und homogen, sodass ungeklärt bleibt, welche Erziehungsdimensionen erfasst wurden. Außerdem sei die Rekrutierung der Versuchs- und Kontrollgruppe unterschiedlich, sodass sich signifikante Unterschiede in den soziodemographischen Daten zeigten. Die Drop-out-Rate war bei der Versuchsgruppe mit 31% sehr hoch, sodass die VG dadurch bevorzugt wurde, da diese nicht in die Bewertung einflossen. Die Autoren kritisieren weiter, dass aufgrund der signifikanten Unterschiede zwischen der Versuchs- und Kontrollgruppe eher ein Vergleich der Differenzwerte zur Erstmessung angemessen gewesen wäre und nicht eine Berechnung von Unterschieden pro Item.

6.3.5 Kritik am Elternkurs „Starke Eltern – Starke Kinder"

Schon der Titel dieses Elternkurses besagt, bei wem in diesem Elternkurs eigentlich angesetzt wird. Es ist eindeutig, dass dies die Eltern sind, die zuerst bei sich selbst einzelne Aspekte verändern müssen, bevor Veränderungen bei den Kindern eintreten. Deshalb wird den Bedürfnissen und Ressourcen der Eltern einen großen Stellenwert beigemessen. Im Vordergrund stehen hier die Selbsterkenntnis und die Selbstreflexion der Eltern in Bezug auf die bisherige Erziehung, Verhalten, Motive und nicht zuletzt eigenen Anteilen an Konflikt- und Gewaltsituationen. Dies bedarf einer hohen Offenheit, sich kritisch mit seinem bisherigen Fehlverhalten auseinander zusetzen und neue Einstellungen zu entwickeln. Die Frage, die sich mir stellt, ist, ob wirklich alle Eltern diese Offenheit und Fähigkeiten haben, diese Aspekte zu reflektieren. Sicherlich bedarf es hierzu einiger Kompetenzen, die Teilnehmer schon mitbringen müssen. Themen dieses Kurses sind zwar auch soziale Kompetenzen, wie Kommunikations-, Interaktionsverhalten und Selbst- und Fremdwahrnehmung. Dennoch bezweifel ich, dass diese ausreichen, auch wenn sie bei den Teilnehmern schon vorhanden sind.

Besonders positiv empfinde ich die Einbeziehung der sehr unterschiedlichen und weitreichenden Grundlagen verschiedenster psychologischer Richtungen. Hiermit wird verhindert, dass nur ein psychologischer Ansatz in den Vordergrund tritt und alle anderen vernachlässigt werden. Diese Vereinigung aller gängigen Ansätze finde ich sehr gut gelungen. Stärker noch als bei allen anderen Ansätzen wird den Rechten und Bedürfnissen des Kindes mehr Beachtung geschenkt. Dies ist natürlich auch mit dem Auftrag des Kinderschutzbundes eng verknüpft, für den natürlich die Rechte der Kinder im Vordergrund stehen.

Ergänzend zum anleitenden Erziehungsstil, der den Eltern näher gebracht werden soll, wird auch die Entwicklung der Erziehungsstile thematisiert. So wird den Eltern deutlich gemacht, welche Nachteile alle anderen Stile mit sich bringen und warum unbedingt der anleitende Erziehungsstil gebraucht werden soll. In diesem Zusammenhang lernen die Eltern auch die entwicklungsfördernden und entwicklungshemmenden Faktoren kennen und bekommen die Möglichkeit, diese in ihrem eigenen Erziehungsverhalten zu identifizieren. Ziel dieses Kurses ist natürlich auch die Verbesserung der Erziehungskompetenz.

Problematisch ist für mich die fehlende Alterseinteilung der Kurse. Diese werden mit Eltern durchgeführt, deren Kinder im gleichen oder unterschiedlichen Alter sind. Meiner Meinung nach ist es nur sinnvoll Kurse mit Eltern, deren Kinder in etwa im gleichen Alter sind, durchzuführen, da sonst die Interessen und Probleme der Eltern schon sehr unterschiedlich sein können. In jeder Altersstufe gibt es andere Probleme und Dinge, auf die besonders geachtet werden muss. Außerdem gibt es nur ein Konzept und damit nur ein Elternbuch für alle Altersstufen. Hier fehlen mir entwicklungsbezogene und spezifischere Informationen für die Eltern. Gerade auch für Kinder in der Pubertät wird kein gesondertes Konzept angeboten.

Ein weiteres Problem ist die Dauer des Kurses. Genau wie beim STEP-Elternkurs finde ich eine Kursdauer von 10 Wochen schon sehr lang. Wenn ich gleichzeitig auch sehe, dass eine Menge Theorie, Selbsterfahrung und Austausch nötig sind, um Veränderung zu erreichen, so ist doch auch mit erhöhten Abbruchzahlen zu rechnen. Hier stellt sich die

Frage, ob es sinnvoller ist, diesen Kurs, um zwei bis drei Sitzungen zu kürzen, oder ob man eventuelle Abbrüche in Kauf nimmt. Sicherlich haben auch die Teilnehmer, die vorzeitig abbrechen, einige wichtige Erziehungskompetenzen erworben.

Besonders positiv finde ich, dass die Kursgebühren sehr niedrig sind. Mit durchschnittlich 60,- Euro pro Person und 90,- Euro pro Elternpaar liegen sie deutlich unter den anderen Kursen. Das Kurse wie Triple P und STEP teurer sein müssen, da sie von selbstständigen Trainern durchgeführt werden, ist schon verständlich, dennoch spielt für viele Eltern der Kostenfaktor eine entscheidende Rolle. Gerade auch finanziell schlechter gestellte Eltern können mit diesem Kurs besser erreicht werden. Ferner soll es für Familien mit geringerem sozioökonomischen Status bald eine Adaption des Konzeptes geben, sodass auf deren Bedürfnisse noch besser eingegangen werden kann. Da bei diesem Klientel häufig davon ausgegangen werden kann, dass sie sich noch nicht so intensiv mit sozialen Kompetenzen auseinander gesetzt haben und es vielleicht auch nicht gewohnt sind, Situationen zu reflektieren, sollte ein Schwerpunkt des Kurses die sozialen Kompetenzen sein.

Zusammenfassend finde ich diesen Elternkurs schon sehr hilfreich, da er alle wichtigen Aspekte zur Förderung der Erziehungskompetenz vereinigt. Es geht nicht nur um Theorievermittlung, sondern es stehen Übungen zu Selbsterfahrung und der Austausch in der Gruppe im Vordergrund. Nicht zuletzt wird es den Eltern hierdurch ermöglicht ein Netzwerk aufzubauen, welches auch noch nach dem Kurs fortbestehen kann.

7. Gegenüberstellung der drei Elterntrainings

In diesem Kapitel vergleiche ich die drei Elterntrainings „Starke Eltern - Starke Kinder", Triple P und STEP direkt miteinander unter verschiedenen Kriterien.

Während es bei „Starke Eltern – Starke Kinder" vorrangig darum geht, psychische und physische Gewalt in der Familie vorzubeugen und kindliches Selbstvertrauen aufzubauen, stehen bei Triple P die kindlichen Verhaltensauffälligkeiten im Vordergrund. STEP möchte die Eltern unterstützen, ihre Kinder zu „glücklichen, selbstbewussten, verantwortungsvollen Menschen" (Tschöpe-Scheffler 2003, S. 153) zu erziehen. Auch die Arbeitsmethoden unterscheiden sich voneinander. Neben Vorträgen und Kleingruppenarbeit gibt es bei „Starke Eltern – Starke Kinder" auch noch Übungen zur Selbst- und Fremdwahrnehmung.

Die Anteile der Übungen sind bei Triple P am kleinsten, dort dominieren vor allem Präsentationen und Vorträge. Interessant ist es noch, sich einmal mit der Stellung des Kindes zu beschäftigen. Nach dem Menschenbild und Grundgedanken des Kinderschutzbundes wird bei diesem Elternkurs das Kind als Subjekt betrachtet, das aktiv an seinem Prozess des Wachsens beteiligt ist (vgl. Möller-Frommann 2004, S. 16). In diesem Ansatz wird dem Kind das Vertrauen entgegengebracht, sein Leben selbstverantwortlich zu gestalten. Die Eltern behandeln ihr Kind gleichwertig und erlernen, wie wichtig eine Vorbildfunktion für das Kind ist. Bei Triple P entscheiden die Eltern, welche Verhaltensweisen und Fähigkeiten des Kindes gefördert werden sollen. Außerdem wird von den Eltern bestimmt, was für das Kind das Richtige ist und wie sein Verhalten auszusehen hat. Die Eltern beobachten eher das Verhalten des Kindes und helfen ihm sich zu entwickeln, indem sie die Ziele für Veränderungen festlegen.

Eine Annahme des Verhaltens des Kindes, so wie es ist, prägt den Elternkurs STEP. Auch hier wird dem Kind zugetraut, Verantwortung zu übernehmen. Aufgrund des demokratischen Erziehungsstils ermutigen die Eltern ihr Kind, eigene Entscheidungen zu treffen. Einigkeit besteht in dem Verhängen von Strafe, da dies von allen Konzepten in jeglicher Art abgelehnt wird.

Auch die Vorbildfunktion der Eltern ist in allen Konzepten in unterschiedlichen Maßen zu finden. Während bei Triple P lerntheoretische Modelle wie 'Lernen am Modell' großen Einfluss zugemessen wird und somit dies eine ganz zentrale Rolle spielt, ist das in den beiden anderen Konzepten zwar präsent aber nicht so zentral. Das STEP-Elterntraining legt größeres Gewicht auf die Ermutigung der Eltern, um dem Kind zu helfen, „Selbstvertrauen und Verantwortungsbereitschaft zu entwickeln" (Petcov 2004, S. 38).

Die Rechte und Bedürfnisse der Kinder werden in den Konzepten unterschiedlich behandelt. Während sowohl bei „Starke Eltern – Starke Kinder" die Rechte und Bedürfnisse des Kindes, die sich an der UN-Kinderrechtskonvention orientieren, im Vordergrund stehen als auch bei STEP, das Recht des Kindes ein liebevolles und sicheres Zuhause zu haben, ein wichtiges Ziel ist, wird dies bei Triple P nicht direkt angesprochen. Kritisiert wird in diesem Punkt häufig, dass Triple P sich nicht an der Kampagne des Bundesministeriums für Familie, Senioren, Frauen und Jugend „Mehr Respekt vor Kindern" engagiert, sondern die Mitbestimmungsmöglichkeiten eher seltener thematisiert werden.

Wenn es hingegen um die Bedürfnisse und Rechte der Eltern geht, gehen die drei Konzepte relativ konform. Eltern sollten ihre Bedürfnisse nicht vernachlässigen, denn nur dann können sie entspannter ihre Elternrolle ausfüllen.

Auch bei den wöchentlichen Aufgaben lassen sich unterschiedliche Schwerpunkte und Ansätze erkennen. Bei „Starke Eltern – Starke Kinder" sind diese Aufgaben meist positiv ausgerichtet, d.h., die Eltern sollen auf positives Verhalten des Kindes achten. Bei STEP geht es eher um das Verstehen des jeweiligen Problems und um die Suche nach Alternativen. Bei Triple P geht es klassischer Weise häufig um Verhaltensbeobachtungen von negativem oder problematischem Verhalten und Anwendung von 'Tokenprogrammen'.

Ebenso sind die Anforderungen an die Eltern grundverschieden. Sowohl bei STEP als auch bei Triple P gibt es die Möglichkeit des Selbststudiums, ohne am Kurs teilzunehmen, mit Hilfe von einem Elternarbeitsbuch. Dies erfordert hohe Selbstdisziplin und hat den großen Nachteil, dass der Austausch in der Gruppe nicht zustande kommen kann. STEP erfordert weiter eine hohe Bereitschaft, das im Selbsterfahrungsanteil erlebte zu reflektieren. Insgesamt werden durch den STEP-Kurs eher bildungsgewohnte Eltern mit hoher Motivation angesprochen.

Dagegen ist der zeitliche Aufwand bei Triple P nur gering. Es stellt hohe Anforderungen an die Selbstdisziplin der Eltern bezüglich des Einübens von konsequentem Verhalten (vgl. Tschöpe-Scheffler 2003, S. 165). Eigene Problemlösefähigkeiten sind ebenso wenig gefragt wie Selbstwahrnehmung und Selbstreflexion, da es vorgegebene Methoden gibt, die umgesetzt werden. Insgesamt scheint dieses Training eher geeignet für Eltern, die schnell wieder handlungsfähig werden wollen oder müssen.

Das Elterntraining „Starke Eltern – Starke Kinder" geht in diesem Punkt noch differenzierter darauf ein. Hier werden hohe Anforderungen an die Selbstwahrnehmung und Selbstreflexion der Eltern gestellt. Außerdem ist der Kurs mit einer Durchschnittsdauer von drei Monaten sehr zeitaufwendig. Da Verhaltensänderungen, die aufgrund von Selbstwahrnehmung und Selbstreflexion entstehen länger dauern, ist dieser Kurs nicht für Eltern geeignet, die eine schnelle Lösung suchen.

Abschließend möchte ich noch einmal festhalten, dass die starken Unterschiedlichkeiten durch das zugrunde liegende Menschenbild zu erklären sind. Während Triple P rein verhaltenstherapeutisch ausgerichtet ist und somit die Modifizierbarkeit eines Menschen durch Konditionierung propagiert, gibt es in dem individualpsychologischen Konzept von STEP eher eine optimistische und zukunftsorientierte Grundhaltung. In dem eher humanistischen Menschenbild von „Starke Eltern – Starke Kinder" steht das Kind als Subjekt im Mittelpunkt, welches an seinem Prozess des Wachsens beteiligt ist. Sowohl STEP als auch „Starke Eltern – Starke Kinder" haben auch gesprächstherapeutische und kommunikationstheoretische Ansätze.

7.1 Für alle Eltern?!?

Um zu zeigen, welche Eltern mit welcher Präventionsform zu erreichen sind, möchte ich im Folgenden die drei übergeordneten Präventionsweisen nach Caplan (1974) vorstellen. Die primär-präventiven Maßnahmen sollen, quasi vorbeugend, überhaupt das Auftreten von Gewalt in der Familie verhindern. Um eine Weiterentwicklung oder Wiederholung von Gewalt zu verhindern, werden sekundäre Präventionen versucht. Um mögliche Schäden zu verringern und negative Folgeerscheinungen zu beheben, gibt es tertiäre Präventionen.

Eine andere Unterscheidung, die ich schon an anderer Stelle in dieser Arbeit vorgestellt habe, ist die Unterscheidung von Hahlweg (2001) zwischen universeller, selektiver und indizierter Prävention. Richtet man sich nach der Unterscheidung von Caplan, so dürften stark gewaltbelastete Familien nicht mehr mit primären oder sekundären Präventionsmaßnahmen zu erreichen sein. Diese benötigen dann spezifischere Angebote, die sich eher im tertiären Bereich finden lassen. Die Primärprävention wird in der Tat von diesen Familien kaum genutzt. Dies kann dadurch erklärt werden, dass diese kaum in der Lage sind, meistens aufgrund von fehlenden sozialen Kompetenzen, ihre Ressourcen zu mobilisieren. Diese Ressourcen werden dann aber z.B. in Elternkursen angesprochen. Außerdem interpretiert dieses Klientel, die Hilfemaßnahmen seltener als Hilfe sondern als Kontrolle. „Die Erlangung notweniger Kompetenzen, die zur Inanspruchnahme von Ressourcen führen, sind aber Aufgaben, die eher in den Tertiärpräventionsbereich fallen" (Tschöpe-Scheffler / Niermann 2002, S. 14).

Dennoch richten sich die Elternkurse, die in der Primär- und Sekundärprävention angesiedelt sind, an alle Bildungsschichten, da alle von zunehmender Erziehungsunsicherheit betroffen sind. Immer mehr tradierte Werte und Wissen werden relativiert. So sind Eltern immer mehr ausschließlich auf ihre Kompetenzen gestellt und umso deutlicher werden die Defizite. Doch es gibt auch eine Chance, wenn Eltern, die diese Erziehungsunsicherheit wahrnehmen, sich auf die Suche nach Hilfe und Unterstützung machen. Abschließend ist festzustellen, dass sowohl bildungsgewohnte, als auch bildungsungewohnte Eltern teilweise erziehungsunsicher sind. Leider nehmen das Angebot der Elternkurse, aber wesentlich mehr bildungsgewohnte Eltern an.

7.2 Geringe Resonanz und Freiwilligkeit

Zweifellos ist die Resonanz auf Elterntrainings im Allgemeinen nicht sehr hoch. Alle Trainer von Elternkursen sind auf Anzeigen in Zeitungen und Werbung durch Flyer angewiesen, um einen Kurs durchführen zu können. Dies betrifft nicht nur selbstständige Trainer, wie z.B. bei Triple P oder STEP, sondern auch den Kinderschutzbund. Häufig kommt es dazu, dass mehrere Informationsveranstaltungen angeboten werden und sich daraus nur ein Kurs zusammenstellen lässt. Auch fallen einige Kurse, die z.B. im Rahmen der Volkshochschule angeboten werden, mangels Teilnehmer komplett aus. Alle Elterntrainings, die ich in dieser Arbeit vorgestellt habe, basieren auf Freiwilligkeit. Das hat zur Folge, dass Eltern nicht von Jugendamt oder Gericht verpflichtet werden können, daran teilzunehmen. Auch bieten Erziehungsberatungsstellen häufig Elternkurse an, die sich nicht nur auf die drei vorgestellten beziehen. Dennoch halten es viele Eltern, die sich auch schon in Beratung befinden, nicht für nötig, einen Elternkurs zu besuchen, erst recht nicht, wenn er vom Jugendamt vorgeschlagen oder durchgeführt wird. Diese Eltern begreifen dieses Angebot häufig nicht als Hilfe, sondern als Kontrolle.

Shazer und Kim-Berg (1992) schlagen einen lösungsorientierten Ansatz vor, indem sie Klienten in
- Besucher,
- Klagende,
- Kunden

einteilen (vgl. Delorette 2003, S. 231). Durch diese Einteilung wurde das Bild vom freiwilligen oder sich verweigernden Klienten abgelöst. Die Besucher sind von jemanden geschickt worden (Partner, Institution etc.) und betonen, dass ihnen nicht genau klar sei, was sie in der Beratung sollen. Der Klagende kann das Problem darlegen, ignoriert jedoch sein Anteil an dem Problem. Für ihn ist das Problem gelöst, wenn sich andere geändert hätten. Der Kunde hingegen kann das Problem beschreiben und erkennt auch seinen Anteil an diesem. Er möchte etwas dafür tun, um dieses Problem zu lösen.

Diese Einteilung, die sich anfangs nur auf Beratung bezog, kann auch auf die Elterntrainings übertragen werden, die z.b. vom Jugendamt durchgeführt werden. Ein gewalttätiger Vater, der dem Begriff eines Besuchers zugeordnet werden kann, wird, wenn er an einem Elternkurs teilnimmt, nicht von dem Erfolg überzeugt sein. Er wird Gründe haben, warum er trotzdem an dem Kurs teilnimmt, vielleicht um eine Heimunterbringung des Kindes zu verhindern. Wichtig ist, dass er die Bereitschaft zeigt, etwas zu verändern und sich deshalb, ohne es selbst zu erkennen, schon im Problemlösungsprozess befindet (vgl. ebd. S. 232). Auch die Klagenden können großen Nutzen aus einem Elternkurs ziehen. Sie wissen genau, wer sich zu verändern habe, damit zeigen sie eine gute Beobachtungsgabe und diese Ressource gilt es zu nutzen. Dies kann besonders durch Reflexion eines konkreten Verhaltens erfolgen, um Situationen umzudeuten. Das es für den Kunden große Nutzen bringt, ist selbstverständlich, denn dieser ist schon in der Lage, auch seine eigenen Fehler zu sehen. Insgesamt ist festzustellen, dass für alle Kategorien der Ratsuchenden ein Elternkurs ratsam erscheint, da dort eigene Ressourcen erforscht und verstärkt werden können.

Insgesamt finde ich Freiwilligkeit zum Elterntraining einen wichtigen Punkt, denn Personen die gezwungen werden, werden wahrscheinlich auch nicht ihre Erziehungskompetenzen verbessern. Außerdem ist es richtig, Eltern in der Erziehungsberatung oder im Erziehungsbeistand einen Elternkurs nahe zulegen. Legitim ist für mich auch eine Motivation der Eltern, die darin begründet ist, z.B. eine Heimunterbringung zu vermeiden. Auch derart motivierte Eltern bekommen so die Möglichkeit, ihr Familienleben wieder zu verbessern. Bedacht werden sollte dabei immer, dass auch aus einer extrinsischen Motivation eine intrinsische werden kann.

Um die Resonanz auf die Elternkurse zu steigern, ist es sicherlich sinnvoll, diese präventiv im Rahmen von Elternabenden in Kindergärten und Grundschulen anzubieten. Auch Eltern, die weniger Probleme mit der Erziehung haben, können daraus profitieren, denn Erziehung lässt sich immer noch optimieren.

8. Resümee

Mein Anliegen, mit der Wahl dieses Themas Elternbildung war es, einen Überblick über die verschiedenen Bereiche zu geben und Vor- und Nachteile der einzelnen Elternkurse herauszuarbeiten. Ich hoffe, dass ich diesem Anspruch gerecht werden konnte.

Gerade die Erziehung von Kindern ist in den letzten Jahren immer mehr ins Zentrum der gesellschaftlichen Diskussion gerückt. Nicht zuletzt aufgrund von steigenden Jugendkriminalitätszahlen und den immer größer werdenden Ansprüchen an die Eltern. Auch die Veränderungen der Familienformen und die stetig anwachsende Arbeitslosenquote haben sicherlich ihren Beitrag dazu getan.

Viele Eltern sind mit der Erziehung ihrer Kinder überlastet. Hier ist der Grund, zumindest bei einigen, auch darin zu suchen, dass sie in ihrer Kindheit und Jugend keine Werte und Normen vermittelt bekommen haben, die sie jetzt unproblematisch an ihre Kinder weiter geben können. Da aber bekannt ist, dass Eltern zu einem großen Teil die Erziehung, die sie selbst erlebt haben, weitergeben, kann dies zu größeren Problemen führen. Um Erziehungsprobleme nicht ausufern oder sie gar nicht erst aufkommen zu lassen, empfinde ich Elternkurse als sehr sinnvoll, in denen die Erziehungskompetenz der Eltern gestärkt wird. Ganz im Sinne der Hilfe zur Selbsthilfe können sie immer mehr entwicklungsfördernde Faktoren in ihre Erziehung einbauen und entwicklungshemmende mehr und mehr eliminieren.

Dieses Angebot der Elternkurse ist meiner Meinung nicht nur für Eltern, bei deren Erziehung schon Probleme aufgetreten sind, nützlich, sondern könnte ganz dem Slogan von Triple P für *alle* Eltern hilfreich sein. Positiv ist dabei, dass sich alle Elternkurse an Eltern richten und nicht schon im Vorfeld Eltern hier ausselektiert werden. Auch Familien, in denen es keine Probleme gibt, können z.B. von dem Austausch in der Gruppe profitieren und einige Tipps bekommen.

Dennoch ist das größte Problem der Elterntrainings insgesamt, dass sie nur wenig Zulauf finden. Deshalb möchte ich mich diesem Problemfeld zuwenden.

Da es sich anhand von Statistiken immer wieder zeigt, dass bildungsgewohnte Eltern häufiger an Elternkursen teilnehmen als bildungsungewohnte, stellt sich die Frage, wie auch diese Familien erreicht werden können. Wichtig für alle Eltern ist es, dass sie respektvoll und nicht herabwürdigend behandelt werden, denn eine defizitäre Wahrnehmung dieses Klientel, macht kaum eine weitere Arbeit möglich. Auch muss der Zugang zu den Unterstützungsangeboten vor allem für Multiproblemfamilien, erleichtert werden. Die Angebotsorte müssen in der Nähe zum Wohnort und die Kosten niedrig sein. Außerdem sollte über eine Entlastung in Form von Kinderbetreuung nachgedacht werden. Erheblich für den Erfolg der Elternbildung ist ferner, dass die Theorie nicht schulmäßig vermittelt wird. Viele Eltern, sowohl bildungsungewohnte als auch bildungsgewohnte, verbinden diese häufig mit Misserfolg und Kontrolle. Um dies zu verhindern, muss Frontalunterricht vermieden werden. Die Ansichten von Prott und Hautumm (2004), dass Eltern in die Rezipientenrolle gebracht werden und damit in eine passive Rolle verfallen, kann ich gut nachvollziehen (vgl. S. 17). Den Eltern soll ein partnerschaftlicher Erziehungsstil vermittelt werden, dies geht aber nur, wenn auch in der Elternbildung und vor allem in Elternkursen eine partnerschaftliche Zusammenarbeit möglich ist und Eltern nicht zu Objekten herabgesetzt werden.

Alle in dieser Arbeit beschriebenen Elternkurse, sind ihrem Konzept nach ressourcenorientiert angelegt. Beim genauen Hinsehen entdeckt man aber, dass dies nur mehr oder weniger der Fall ist. In einem Elternkurs, indem die Eltern sehr genaue Handlungsanweisungen bekommen, können schon vorhandene Kompetenzen nicht mehr gefördert werden. Die Eltern werden meist nicht als Erziehungs-Experten wahrgenommen, sondern bekommen viele allgemeine Verbesserungsvorschläge. Um wirklich ressourcenorientiert zu arbeiten, bedarf es einer Begleitung und Beratung der Eltern untereinander. Nur so können sich eigene Fähigkeiten herausstellen, die es zu fördern und zu erweitern gilt.

Partizipation von Eltern ist schon länger ein Thema in der Elternbildung. Gesprochen wird in diesem Kontext häufig von Erziehungspartnerschaften zwischen Eltern und Erziehern (vgl. Tschöpe-Scheffler 2005, S. 330). Durch die Möglichkeiten der Eltern z.B. in Kindertagesstätten, sich aktiv an Angebote zu beteiligen, kann auch der Zugang zu Elternkursen erleichtert werden. Wenn dieser persönliche Kontakt besteht, dann werden auch mehr Eltern der Einladung zu einem Elternkurs folgen. Erst recht, wenn er dann auch noch in dieser Einrichtung angeboten wird. Dies wird allemal effektiver sein, als die Ausschreibung für einen Kurs nur über Zeitungsanzeigen oder Flyer.

Eine gute Lösung ist die Verlagerung der Elternkurse in Kindertageseinrichtungen und Grundschulen. Die meisten Eltern sind zu diesem Zeitpunkt noch motiviert, Elternabende aufzusuchen. In diesem Rahmen können solche Kurse durchgeführt werden. Erleichtert würde der Zugang noch, wenn parallel zu den Kursen eine Kinderbetreuung eingerichtet würde. Der Kostenpunkt muss sich sehr gering gestalten, damit es wirklich für alle Eltern möglich wird. Sollte dies zu schaffen sein, dann wären wir schon ein gutes Stück weiter in der richtigen Richtung.

Allerdings finde ich es auch richtig, dass Eltern vom Jugendamt ein Elternkurs empfohlen wird, auch mit der Option, eine Herausnahme des Kindes aus der Familie zu verhindern. In diesem Fall ist zwar die Freiwilligkeit, die einen wichtigen Aspekt für Erfolg darstellt, nicht vollständig gegeben, dennoch ist bekannt, dass auch ein extrinsisch motivierter Teilnehmer noch intrinsisch motivieren kann. Ich würde so einen Fall einfach als Chance für die Familie sehen. Wenn zu dem Zusammenspiel von Jugendamt und Erziehungsberatung noch ein Elternkurs käme, haben Familien eine reelle Möglichkeit sich weiterzuentwickeln. Dies wird auch schon von verschiedenen Erziehungsberatungsstellen angeboten.

Das Ziel aller dieser Hilfen ist, das Wohl des Kindes zu schützen und ihm eine positive Entwicklung zu ermöglichen. Je besser dabei die einzelnen Institutionen miteinander arbeiten und je vielschichtige die Hilfen angeboten werden können, um so besser ist dieser Anspruch zu realisieren.

Literaturverzeichnis

Anderson, J. & Werry, J.S. (1994): Emotional and behavioral problems. In I.B. Pless (E.d.): The epidemiology of childhood disorders (pp. 304-338). New York: Oxford University Press

Bundeskonferenz für Erziehungsberatung (1994): Jahrbuch der Erziehungsberatung Band 1. München und Weinheim

Bundesministerium für Familie, Senioren, Frauen und Jugend (2001): Elternbrief: Recht des Kindes. 2. Auflage. Berlin

Bundesministerium für Familie, Senioren, Frauen und Jugend (2002): Kampagne „Mehr Respekt vor Kindern" 2000 bis 2002 Dokumentation. Bonn und Berlin

Coughlan, J.(2001): Zur Verbesserung der Prozessqualität in einer Erziehungsberatungsstelle. In: Report Psychologie. Bd. 26

Covitz, J.(1992): Der Familienfluch. Freiburg: Walter-Verlag. S. 70-100

Datler, W., Figdor, H., Gstach, J. (Hrsg.) (1999): Die Wiederentdeckung des Freude am Kind. Psychoanalytisch-pädagogische Erziehungsberatung heute. Gießen: Psychosozial-Verlag

Deegener, G. (2000): Die Würde des Kindes. Weinheim und Basel: Beltz Verlag

Deegener, G., Hurrelmann, K. (2002): Kritische Stellungnahme zum Triple P, Homburg und Bielefeld, unveröffentlichtes Manuskript, zu beziehen bei: negdee@uniklinik-saarland.de

Deegener, G., Körner, W. (2005): Kindesmisshandlung und Vernachlässigung. Ein Handbuch. Göttingen: Hogrefe Verlag

Dinkmeyer Sr., D., McKay, G. D., Dinkmeyer Jr. ,D. (2004): STEP, Das Elternbuch, die ersten 6 Jahre. Weinheim und Basel: Beltz Verlag

Dinkmeyer Sr., D., McKay, G. D., Dinkmeyer Jr. ,D. (2004): STEP, Das Elternbuch, Kinder ab 6 Jahre. Weinheim und Basel: Beltz Verlag

Döpfner, M., Schürmann, S., Fröhlich, J. (1997): Therapieprogramm für Kinder mit hyperkinetischem und oppositionellem Problemverhalten (THOP). Weinheim und Basel: Beltz Verlag

Dreikurs, R. (2000): Grundbegriffe der Individualpsychologie. Stuttgart: Klett-Cotta Verlag

Fietkau, H.-J., Görlitz, D. (1981): Umwelt und Alltag in der Psychologie. Weinheim und Basel: Beltz Verlag

Flügge, I. (1991): Erziehungsberatung. Zur Theorie und Methodik. Ein Beitrag aus der Praxis. Göttingen-Toronto-Zürich: Hofgrefe-Verlag für Psychologie

Gerth, U., Menne, K., Roth, X. (1999): Qualitätsprodukt Erziehungsberatung. Materialien zur Qualitätssicherung in der Kinder- und Jugendhilfe. Qs Nr. 22.
Bundesministerium für Familie, Senioren, Frauen und Jugend

Giesecke, H. (1985): Das Ende der Erziehung. Stuttgart: Klett-Cotta Verlag

Glaap, W. (1996): ISO 9000 leichtgemacht. München und Wien: Hanser Fachbuch Verlag

Gudjons, H. (1993): Pädagogisches Grundwissen. Bad Heilbrunn: Klinkhardt Verlag

Hahlweg, K., et. al. (1999): Die Braunschweiger Kindergartenstudie: Präferenz kindlicher Verhaltensprobleme. Bad Dürkheim

Hahlweg, K., Kessemeier, Y. (2003): Erwiderung auf kritische Stellungnahmen zum „Positiven Erziehungsprogramm" Triple P. In: Beratung Aktuell, Zeitschrift für Theorie und Praxis der Beratung. Bd. 3, S. 158-177. Paderborn: Jungfermann Verlag

Heekerens, H.-P. (1989): Familientherapie und Erziehungsberatung. Heidelberg: Roland Asanger Verlag

Heinrichs, N., Krüger, S., Guse, U.: Der Einfluss von Anreizen auf die Rekrutierung von Eltern und auf die Effektivität eines präventiven Elterntrainings. Zeitschrift für Klinische Psychologie und Psychotherapie, im Druck

Heinrichs, N. et al.: Die langfristige Wirksamkeit eines Elterntrainings zur universellen Prävention kindlicher Verhaltensstörungen: Ergebnisse aus Sicht der Mütter und Väter. Zeitschrift für Klinische Psychologie und Psychotherapie, im Druck

Heinrichs, N. et al.: Triple P aus der Sicht der Eltern: Teilnahmeraten und Kurszufriedenheit in Abhängigkeit von sozioökonomischen Charakteristika und Migration. Zur Veröffentlichung eingereicht.

Hundsalz, A. (1995): Die Erziehungsberatung. Weinheim, München: Juventa Verlag

Kaisen, R. (1992): Erwartungen an die Erziehungsberatung: Inhalte und Auswirkungen der Wünsche und Vermutungen von Klienten und Beratern. Münster und New York: Waxmann

Kernberg, P., Weiner, A., Bardenstein, K. (2000); Persönlichkeitsstörungen bei Kindern und Jugendlichen. Stuttgart: Klett-Cotta

Klann, N. (1996): Bestandsaufnahme in der institutionellen Ehe-, Familien- und Lebensberatung. Bundesministerium für Familien, Senioren, Frauen und Jugend. 2. Auflage. Stuttgart: Kohlhammer

Kluge, K.-J., Hemmert-Halswick, S. (1982a): Familie als Erziehungsinstanz. Teil I Eltern in Not – Probleme in der Familienerziehung: Zur Notwendigkeit von Elternberatung und Elternarbeit. München: Minerva Publikation Saur

Kluge, K.-J., Hemmert-Halswick, S. (1982b): Familie als Erziehungsinstanz. Teil II Wie Eltern in Not geholfen werden kann: Aspekte zur Elternförderung im Bereich von Familienerziehung. München: Minerva Publikation Saur

Körner, W., Hörmann, G. (1998): Handbuch der Erziehungsberatung. Band 1. Anwendungsbereiche und Methoden der Erziehungsberatung. Göttingen: Hogrefe Verlag

Körner, W., Hörmann, G.(2000): Handbuch der Erziehungsberatung. Band 2. Praxis der Erziehungsberatung. Göttingen: Hogrefe Verlag

Korczak, J. (2005): Wie man ein Kind lieben soll. 13. Auflage. Göttingen: Vandenhoeck & Ruprecht

Kurz-Adam, M. & Post, I. (Hrsg.) (1995): Erziehungsberatung und Wandel der Familie. Opladen: Leske + Budrich

Landeskommission Berlin gegen Gewalt (Hrsg.) (2005): Berliner Forum Gewaltprävention. Themenschwerpunkt Elternkurse. Nr. 19. 6. Jahrgang

Lüders, C. (1989): Der wissenschaftlich ausgebildete Praktiker. Weinheim: Deutscher Studien Verlag

Markie-Dadds, C., Sanders M. R., Turner, K. M. T. (2003): Das Triple-P-Elternarbeitsbuch: der Ratgeber zur positiven Erziehung mit praktischen Übungen. München: Verlag für Psychotherapie

Martin, L., Martin, P.(2003): Gewalt in Schule und Erziehung. 2. Auflage. Bad Heilbrunn: Verlag Julius Klinkhardt

LITERATURVERZEICHNIS

Marzinzik, K., Kluwe, S.(2005): Evaluation des STEP-Elterntrainings. Erster Bericht der wissenschaftlichen Begleitforschung. Universität Bielefeld, Fakultät für Gesundheitswissenschaft.

Menne, K., Hundsalz, A. (2000): Grundlagen der Beratung. Fachliche Empfehlungen, Stellungnahmen und Hinweise für die Praxis. Fürth: Bundeskonferenz für Erziehungsberatung e.V.

Penthin, R., Thams, A. (2001): ... Eltern sein dagegen sehr. Konzepte und Arbeitsmaterialien zur pädagogischen Elternschulung. Weinheim und München: Juventa Verlag

Presting, G.(Hrsg.) (1991): Erziehungs- und Familienberatung. Weinheim und München: Juventa Verlag

Presting, G. (Hrsg.). (1991). Erziehungs- und Familienberatung. Untersuchungen zu Entwicklung, Inanspruchnahme und Perspektiven. Juventa Verlag, Weinheim und München

Rousseau, J.J. (1971): Emilie oder über die Erziehung. Paderborn: Schöningh

Pruß, A. (2001): Qualitätsentwicklung – Eine Option für Güte: Überlegungen zum Qualitätsmanagement in einer Erziehungsberatungsstelle. In: Pro Sozial; 2001 Nr. 1. S. 14-22

Postman, N. (1995): Keine Götter mehr. Das Ende der Erziehung. Dt. Taschenbuch Berlin Verlag

Roer, D.: Psychatrie im Faschismus: das Schicksal der Kinder. In: Cogoy, R., Kluge, I., Mecker, B. (1989): Erinnerung einer Profession. Erziehungsberatung, Jugendhilfe und Nationalsozialismus, Münster: Votum Verlag. S. 161-172

Rotthaus, W. (2004): Wozu erziehen? Entwurf einer systematischen Erziehung. 5. Auflage. Heidelberg: Auer-System-Verlag-Carl

Saßenrath, E.-M. (1990): Intelligenz und Elternhaus. Erwartungen von besonders befähigten Kindern an ihre Eltern: „Mentoring" als pädagogische Konsequenz. Eine Studie in Verbindung mit einem Elterntrainingsprogramm. München: Minerva Publikation Saur

Schellhorn, W., Dr. Wienand, M. (1991): Das Kinder- und Jugendhilfegesetz (KJHG). Ein Kommentar für Ausbildung, Praxis und Wissenschaft. Neuwied, Kriftel, Berlin: Luchterhand Verlag

Tausch, R., Tausch, A.-M. (1991): Erziehungspsychologie. 10. überarbeitete Auflage. Göttingen: Hogrefe Verlag für Psychologie

Thiersch, H. (2002): Positionsbestimmungen der Sozialen Arbeit. Weinheim und München: Juventa Verlag

Tschöpe-Scheffler, S. (2002): Fünf Säulen der Erziehung. Wege zu einem entwicklungsfördernen Miteinander von Erwachsenen und Kindern. Mainz: Matthias-Grünewald-Verlag

Tschöpe-Scheffler, S. (2003): Elternkurse auf dem Prüfstand. Wie Erziehung wieder Freude macht. Opladen: Leske + Budrich

Tschöpe-Scheffler, S. (2005): Konzepte der Elternbildung – eine kritische Übersicht. Opladen: Barbara Budrich Verlag

Tschöpe-Scheffler, S., Niermann, J. (2002): Evaluation des Elternkurskonzeptes „Starke Eltern – Starke Kinder" des Deutschen Kinderschutzbundes. Köln: Fachhochschule Köln. Fakultät für Angewandte Sozialwissenschaften

Wasel, W., Dettling-Klein, G. (2003): Was zur Hölle ist Beratung? In: Beratung aktuell. Paderborn. S. 178-190

Zygowski, H. (Hrsg.) (1984): Erziehungsberatung in der Krise. Analysen und Erfahrungen. München: Steinbauer & Rau

Anhang 1:
Leistungen der Erziehungsberatungsstellen im Überblick
(Gerth et al. 1999, S. 88f.):

Beratung & Therapie	Präventive Angebote	Vernetzungsaktivitäten
Eltern, Kinder und Jugendliche werden therapeutisch und beraterisch unterstützt. Probleme können sein: • Erziehungsfragen oder -schwierigkeiten • Verhaltensauffälligkeiten • körperliche Auffälligkeiten • Trennung oder Scheidung • Krisen in der Familie • seelische Probleme	Für Eltern, Kinder und Jugendliche einzelfallübergreifende Angebote. Diese beinhalten auch eine Klärung und Bewältigung von familiären Problemen und Konflikten.	Kooperationen mit anderen Einrichtungen und Diensten im Bereich der Jugendhilfe, Schule etc.
Ziele	**Ziele**	**Ziele**
• Klärung und Bewältigung von familiären und individuellen Problemen • wenigstens aber eine Vermeidung der Verfestigung oder Verschlimmerung des Problems • familiäre Ressourcen müssen mobilisiert werden, um Selbsthilfepotentiale freizusetzen	• die Erziehungskompetenz muss gestärkt werden • die Entwicklung der Eigenständigkeit und Eigenverantwortung, sowie sozialer Entwicklung muss gefördert werden • der Zugang zur Erziehungsberatung wird erleichtert.	• Fachkompetenzen im Hilfesystem erhöhen • eine fachliche Weiterentwicklung wird ermöglicht • ein bedarfsgerechtes regionales Hilfesystem wird weiterentwickelt.

Methoden	Methoden	Methoden
<ul><li>Diagnostik</li><li>Beratung (informatorisch, sozial und psychologisch)</li><li>pädagogische Hilfen</li><li>Einbezug des sozialen Umfelds</li></ul>	<ul><li>Präsentationen und Vorträge</li><li>Elternabende</li><li>Projekte / Seminare</li><li>Öffentlichkeitsarbeit</li></ul>	<ul><li>Fachberatung, Supervision, Fortbildung</li><li>Hilfeplanung für erzieherische Hilfen</li><li>Mitwirkung in örtlicher Jugendhilfeplanung</li></ul>
Rechtsgrundlage	Rechtsgrundlage	Rechtsgrundlage
§§ 27/28 KJHG §36a KJHG §36 KJHG §41 KJHG §17 KJHG §18 Abs.1 / 3 KJHG §23 Abs. 2 KJHG	§14 KJHG §16 Abs. 2 Nr.1/2 KJHG	§72 Abs.3 KJHG §73 KJHG §14 Abs.2 Nr. 2 KJHG §78 KJHG §80 KJHG

Anhang 2:
Merkmale und Kennziffern des Qualitätsmanagements
(ebd. S. 90ff.):

Übersicht der Merkmale der Strukturqualität mit den Empfehlungen der 'bke'

Niedrigschwelligkeit	Empfehlung der 'bke'
• Freier Zugang ohne förmliche Leistungsgewährung durch das Jugendamt möglich	Ja
• Anzahl der beendeten Fälle mit förmlicher Gewährung	Gering
• Anteil der Erstgespräche, die innerhalb von vier Wochen stattfanden	mindestens 80%
• Anteil der Erstgespräche, die spätestens am Tag nach der Anmeldung stattfanden	Auswertung im Team, mit Blick auf örtlichen Bedarf
• Wöchentliche Öffnungszeit (Kernzeit)	mindestens 25 Stunden
• Anteil der Termine, die außerhalb der üblichen Bürozeiten stattfanden	Auswertung im Team
• Gebührenfreiheit bei Beratung und Therapie	0 EUR
• Erreichbarkeit mit öffentlichen Verkehrsmitteln	maximale Fahrtzeit 1 Stunde

Ausreichende personelle Ausstattung	Empfehlung der 'bke'
• Verhältnis volle Planstelle / Kinder und Jugendliche bis 18 Jahre im Einzugsbereich	4:10.000
• Multidisziplinäres Fachteam	mindestens drei Planstellen
• Verwaltungsfachkraft vorhanden	mindestens eine Planstelle
• Kontinuierliche nebenamtliche Mitarbeit weiterer Fachrichtungen	mindestens eine weitere Fachrichtung
• Zahl der auf Erziehungsberatung bezogenen Zusatzqualifikationen pro Zahl der Planstellen	mindestens eine Zusatzqualifikation pro Planstelle

Organisation	Empfehlung der 'bke'
• Regelung der Leitungsverantwortung	schriftliche Regelung
• geregelte Dienst- und Fachaufsicht	schriftliche Regelung
• Etablierung und regelmäßige Auswertung eines Qualitätssicherungssystems	schriftliche Dokumentation
• Personalentwicklung	schriftliche Regelung
• Sicherstellung fachlichen Vorgehens in Grenzfällen	schriftliche Regelung

Präventive Angebote	Empfehlung der 'bke'
• Anteil von präventiver Arbeit und Vernetzungsaktivitäten an der Gesamtarbeitszeit	25%

Kooperation mit dem Jugendamt	Empfehlung der 'bke'
• Vorliegen einer schriftlichen Kooperationsvereinbarung	ja
• Zuständigkeit für die Hilfeplanung, wenn keine weiteren Erziehungshilfen erforderlich sind, bei der Erziehungsberatungsstelle	ja
• Beteiligung der Hilfeplankonferenzen im Jugendamt	ja
• Transparente Regelung zur Übernahme von Fällen	ja

Ausbildung von Praktikanten	Empfehlung der 'bke'
• Anzahl der Praktikanten pro Jahr	mindestens eine/r
• Vorliegen eines Ausbildungsplans	ja

Ausreichende räumliche Ausstattung	Empfehlung der 'bke'
• Trennung von anderen Institutionen	ja
• Zahl der Beratungszimmer pro Planstelle	eins
• Anzahl der Therapieräume	mindestens einer
• Anzahl der Gruppenräume	mindestens einer
• Vorhandensein eines abgegrenzten Wartebereichs	ja
• Vorhandensein eines Sekretariats	ja

Anhang 3:
Merkmale und Kennziffern der Prozessqualität (ebd. S. 92f.)

Fachliche Unabhängigkeit bei der Durchführung der Aufgaben	Empfehlung der 'bke'
• Zahl der Eingriffe in Einzelfallarbeit	nur in fachlich und rechtlich begründeten Fällen.
• Zahl der Eingriffe in die einzelfallübergreifende Arbeit	nur in fachlich und rechtlich begründeten Fällen.

Schutz der Vertrauensbeziehung zum Ratsuchenden	Empfehlung der 'bke'
• Zahl der beendeten Fälle, bei denen anvertraute Sozialdaten ohne Einwilligung der Betroffenen weitergegeben worden sind	Auswertung der Güterabwägung im Team
• Zahl der beendeten Fälle, bei denen Dritte Einsicht in die Beratungsdokumentation genommen haben	Auswertung der Güterabwägung im Team
• Aufklärung der Klienten über Teamarbeit, Aktenführung und Verschwiegenheit	Ja

Aktivierung der Ressourcen des multidisziplinären Teams	Empfehlung der 'bke'
• Anzahl der Vorstellung neuer Fälle im Team pro Anzahl der beendeten Beratungen	Auswertung der Ergebnisse im Team
• Anzahl der Fallbesprechungen pro Anzahl der beendeten Beratungen	Auswertung der Ergebnisse im Team
• Anteil der Fälle mit gemeinsamer Arbeit unterschiedlicher Fachkräfte	Auswertung der Ergebnisse im Team
• Anzahl formalisierter EB- interner Hilfepläne	Auswertung der Ergebnisse im Team
• Anzahl von Hilfeplänen, die eine Kooperation verschiedener Erziehungshilfen beinhalten	Auswertung der Ergebnisse im Team
• Flexibler Einsatz unterschiedlicher Settings	Auswertung der Ergebnisse im Team
• Anzahl der Fälle mit ausführlicher Fachdiagnostik pro Anzahl der beendeten Beratungen	Auswertung der Ergebnisse im Team

Aktivierung von Ressourcen aus dem Umfeld der Kinder	Empfehlung der 'bke'
• Anzahl der Beratungsfälle mit Umfeldkontakten in Relation zur Zahl beendeter Beratungen	Auswertung der Ergebnisse im Team
• Besucherzahlen einzelfallübergreifender Veranstaltungen	Auswertung der Ergebnisse im Team
• Anzahl institutioneller Kooperationen	Auswertung der Ergebnisse im Team
Dokumentation der Arbeit	Empfehlung der 'bke'
• Führen von Beratungsdokumenten	ja
• Beteiligung an der Bundesstatistik zur Kinder und Jugendhilfe	ja
• Regelung zur Vernichtung der Beratungsdokumentation	ja
Maßnahmen zum Qualifikationserhalt	Empfehlung der 'bke'
• Anzahl der in Anspruch genommenen Fortbildungstage pro Jahr und Mitarbeiter	zehn Tage pro Jahr und Mitarbeiter
• Anzahl der in Anspruch genommenen Supervisionsstunden pro Jahr und Planstelle	zwölf Stunden pro Jahr und Planstelle
Aktivierung von Fachöffentlichkeit und politischer Öffentlichkeit	Empfehlung der 'bke'
• Beteiligung an der Jugendhilfeplanung	ja
• Öffentlichkeitswirksame Aktivitäten	Auswertung der Ergebnisse im Team

Anhang 4:
Merkmale und Kennziffern der Ergebnisqualität (ebd. S. 94):

Zielerreichung	Empfehlung der 'bke'
• Einsatz von Verfahren zur Einschätzung der Zielerreichung der Angebote aus Sicht der unterschiedlichen Beteiligten	ja

Zufriedenheit	Empfehlung der 'bke'
• Einsatz eines Verfahrens zur Einschätzung der Zufriedenheit von Eltern und Kindern mit dem Beratungsverlauf	ja
• Einsatz eines Verfahrens zur Einschätzung der Zufriedenheit der Mitarbeiter mit ihren Arbeitsbedingungen	ja
• Einsatz eines Verfahrens zur Einschätzung der Zufriedenheit der Kooperationspartner	ja

Statistische Aufbereitung der Arbeit	Empfehlung der 'bke'
• Zahl der Anmeldungen pro Planstelle und Jahr	Auswertung der Ergebnisse im Team
• Zahl der beendeten Beratungen pro Planstelle und Jahr	Auswertung der Ergebnisse im Team
• Dauer der Beratung in Monaten	Auswertung der Ergebnisse im Team
• Kontakthäufigkeit der Beratungen	Auswertung der Ergebnisse im Team
• Art der Beendigung der Beratungen	Auswertung der Ergebnisse im Team
• Anzahl und Darstellung die einzelfallübergreifenden Leistungen unter Berücksichtigung der unter Struktur- und Prozessqualität beschriebenen Kennziffern.	Auswertung der Ergebnisse im Team

Kosten von Beratung	Empfehlung der 'bke'
• Jahreskosten der Einrichtung, bezogen auf die Gesamtzahl aller im Jahr beendeten Beratungen	Auswertung im Team

Anhang 5:
Die Entwicklung von der Geburt bis zum Alter von 6 Jahren

(Dinkmeyer Sr/McKay/Dinkmeyer Jr. 2004. S. 37f.):

Nicht jedes Kind entspricht dieser Tabelle. Ein Kind entwickelt eine Fähigkeit, wenn es so weit ist.

Alter	Was das Kind lernt	Was das Kind tut
Geburt bis 3 Monate	Vertrauen, Kooperation, persönlicher Einfluss (Macht): z.B. die Wirkung von Schreien und Weinen.	Kann den Kopf halten; greift und hält; gibt Laute von sich. Lächelt als Reaktion auf andere. Zeigt Anzeichen von Stress, Freude, Aufregung, Langeweile. Entwickelt eine Routine beim Essen und Schlafen.
3 – 6 Monate	Beeinflusst seine Umgebung durch körperliche Beweglichkeit und Bewegung.	Bemüht sich, Gegenstände zu greifen, packt plötzlich Gegenstände. Ahmt Laute nach; benutzt Laute, um zu zeigen, ob es etwas mag oder nicht. Erkennt bekannte Objekte. Ist gesellig.
6 – 9 Monate	Wird sich der Konsequenzen seiner Handlungen bewusst.	Krabbelt, sitzt, steht mit Unterstützung oder zieht sich an Gegenständen hoch. Benutzt den Daumen und die Finger, um kleine Dinge zu greifen. Trinkt aus der Tasse. Wird unabhängiger. Ahmt Verhalten nach. Sagt vielleicht „Mama" und „Papa". Erkennt vielleicht den eigenen Namen und das Wort „Nein". Erkennt die Gefühle von anderen – weint bzw. lacht, wenn andere Kinde weinen bzw. lachen. „Fremdelt"; ist manchmal ängstlich, vielleicht sogar bei Dingen, mit denen es vertraut ist.

ANHANG

9 – 12 Monate	Verstärkte Wahrnehmung der Konsequenzen seiner Handlungen	Krabbelt vielleicht die Treppe hinauf und hinunter. Steht. Ist besser im Zugreifen und Festhalten. Kooperiert oft beim Anziehen. Vielleicht spricht es ein paar Worte. Zeigt und erkennt Stimmungen. Nimmt unausgesprochene Kommunikation wahr. Ist oft liebevoll und bestimmter. Hat Angst vor Fremden, wenn es nicht mit den Eltern zusammen ist.
1 – 2 Jahre	Anfänge von Selbstvertrauen	Läuft (gewöhnlich mit 15 Monaten). Geht auf Entdeckungsreisen; leert Gefäße aus und füllt sie wieder auf; lässt Gegenstände fallen und wirft sie. Fängt an, alleine zu essen. Möchte sowohl unabhängig als auch abhängig sein. Benutzt deutlichere Sprache. Wird zum Kleinkind.
2 – 3 Jahre	Mehr Selbstvertrauen	Wird unabhängiger – möchte Dinge auf eigene Art und Weise handhaben. Möchte manchmal wieder ein Baby sein. Bewegt sich, ohne etwas umzuwerfen oder in etwas hineinzulaufen. Spricht in Sätzen mit 2 bis 4 Worten. Fragt „was?" und „warum?". Kann längerer Zeit aufmerksam sein und kann sich erinnern. Hilft gerne. Spielt neben anderen Kindern. Kann Blase und Darm kontrollieren.
3 – 4 Jahre	Wird geselliger.	Kooperiert mehr. Ist besser koordiniert. Spricht gerne; hört gerne Geschichten. Möchte wie die Eltern sein. Erkennt den Unterschied zwischen den Geschlechtern. Wählt eigene Kleidung aus; zieht sich selbst an. Ist gerne mit Gleichaltrigen zusammen. Lernt mit anderen abzuwechseln und zu teilen. Fängt an, die Konzepte gestern, heut und morgen zu verstehen.

4 – 5 Jahre	Wird besser bei den Fähigkeiten, die es bereits gelernt hat.	Zieht Kinder Erwachsenden vor. Spielt mit erfundenen Freunden. Hat eine feste Vorstellung von zu Hause und Familie. Ist sehr aktiv – rennt, springt, klettert. Verbessert feinmotorische Fertigkeiten. Spricht gerne, verleiht seinen Ideen gerne Ausdruck und stellt umfassende Fragen. Entwickelt einen besseren Sinn für die Zeit.
5 – 6 Jahre	Ist angepasst an die Welt des Kindes und langsam soweit, in die Schule gehen zu können.	Fängt an, sich für die Meinung von anderen Kindern zu interessieren. Hat eine besser entwickelte Fähigkeit, Dinge zu ergründen. Hat gute Kontrolle über Hände, Arm und Beine; Augen-Hand-Koordination ist noch nicht voll entwickelt – hat Unfälle, bei denen die Hände beteiligt sind. Wird Rechts- bzw. Linkshänder. Spricht gerne und hat einen guten Wortschatz. Ist liebevoll und hilfreich den Eltern gegenüber. Lernt gerne neue Freunde kennen. Spielt mit Kindern beiderlei Geschlechts. Entwickelt einen Sinn für Fairness. Will unabhängig sein und wie ein Erwachsener behandelt werden.

Anhang 6:
Stichprobe STEP Evaluation (Marzinzik/Kluwe 2005, S. 31):

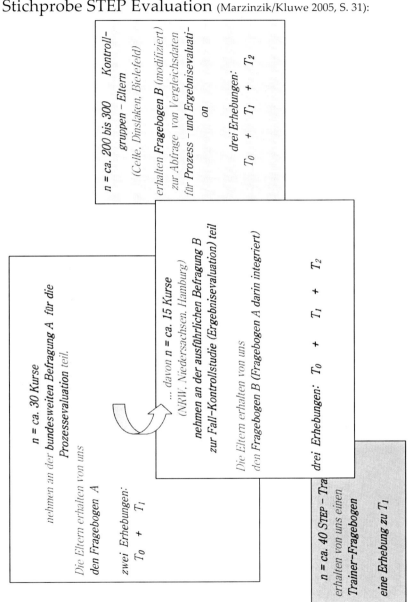